FRAGMENTS, DÉCHIRURES ET DÉCHIREMENTS

DU MÊME AUTEUR

Le Journal

Journal I à VI (janvier 1985 – juillet 1988), Pierre Tisseyre, 1986 – 1990
La paix, rien d'autre (janvier – août 1985), Les Herbes rouges, 1997
Flâner sous la pluie (août 1985 – avril 1986), Les Herbes rouges, 1997
Le grand bluff (avril – novembre 1986), Les Herbes rouges, 1997
Un homme trop bon (novembre 1986 – mars 1987), Les Herbes rouges, 1997
Où je n'écris plus rien (avril – novembre 1987), Les Herbes rouges, 1997
Seul sur le sable (novembre 1987 – juillet 1988), Les Herbes rouges, 1997
Cthulhu, la joie (novembre – décembre 1992),
avec cinq œuvres de Lauréat Marois, Le Loup de Gouttière, 1993
Le Cœur tremblant (décembre 1992 – janvier 1993), Les Herbes rouges, 2001
Démon, la voie royale (janvier – février 1993), Les Herbes rouges, 2002
Le Miracle (février – mars 1993), Les Herbes rouges, 2002
Un enfant perdu dans la foule (juin – juillet 1993), Les Herbes rouges, 2000
François, les framboises et moi (juillet – août 1993), Les Herbes rouges, 1997
Maman (août – septembre 1993), Les Herbes rouges, 1997
Un certain désemparement (septembre – décembre 1993), Les Herbes rouges, 1998
Bungalow (décembre 1993 – janvier 1994), Les Herbes rouges, 1998
La Mouche et l'Alliance (février – mai 1999), Les Herbes rouges, 2000
J'aime aussi les bisons (mai – novembre 1999), Les Herbes rouges, 2000
Mon ex aux épaules nues (octobre – novembre 2000), Les Herbes rouges, 2001

La Poésie

Porteur d'os, Paris, Guy Chambelland, 1974
Ô l'homme!, Paris, Guy Chambelland, 1975
Porteur d'os suivi de *Ô l'homme!* et de *Autres Poèmes* (1974-1985), avec une postface de François Charron, Les Herbes rouges, coll. «Enthousiasme», 1997
Le Premier Poisson rouge, Les Herbes rouges, 1999

Les Romans

Mise en liberté, prix du Cercle du livre de France, Pierre Tisseyre, 1974
Le Bonheur de Christian Dagenais, Pierre Tisseyre, 1980

Les Essais

Voir les mots, avec une préface de Pierre Tisseyre,
Pierre Tisseyre, coll. «Écritudes», 1975
Lorsque notre littérature était jeune, entretiens avec Pierre Tisseyre,
Pierre Tisseyre, 1983

Jean-Pierre Guay

Fragments, déchirures et déchirements

LE JOURNAL

27 octobre 1992 – 30 avril 1996

LES HERBES ROUGES

Nous remercions le Conseil des arts du Canada
de l'aide accordée à notre programme de publication.

Les Herbes rouges bénéficie du soutien du ministère
du Patrimoine canadien et de la Société de développement
des entreprises culturelles du Québec pour son programme d'édition.

Dans cet ouvrage, ce qui apparaît entre crochets est de l'éditeur.

Dépôt légal, BNQ et BNC, quatrième trimestre 2003
ISBN 2-89419-197-9

I

Château-Richer, mardi 27 octobre 1992. — J'ai fait le silence dans la maison, pas de musique, pas de radio. J'aime le silence. Mais voilà, depuis un bon moment déjà je m'étais mis à en avoir peur. Peur inutile, cardiaque oserais-je dire. Peur surtout indigne de moi. Je sais, je ne suis pas grand-chose, je dirais même que je ne suis rien. Mais justement, n'étant rien, de quoi, de qui aurais-je peur. Pourquoi.

C'est le midi. Dehors le temps est gris et frais. Les nuages de même que les herbes et les arbres sont immobiles.

Il ne faut pas que je pense beaucoup à ce qui m'arrive pour me mettre aussitôt à m'énerver. À quoi cela sert-il cependant. Car au fond il y a, dans mon cœur, une grande paix.

Du calme. J'ai bien nourri mon chien ce matin et ne serait-ce que pour cela j'aurais mérité de l'être en retour. Je le serai. Et spirituellement comme je désire ardemment que cela soit.

J'entends plein de sifflements dans mes oreilles. On dirait des grillons à demeure. C'est inquiétant et rassurant tout ensemble.

Maintenant supposons que je remette de la musique. Pour me rassurer. En tout cas pour me donner l'illusion que tout va pour le mieux dans le meilleur des mondes. L'effet serait instantané. Mais alors pourquoi n'arriverais-je pas au même résultat dans le silence. J'en ai le goût. Que la musique, quand j'en mettrai, ne fasse plus écran entre la réalité et moi mais pénètre mon âme comme il est permis de supposer que cela soit dans sa nature.

Le vent se lève. Je l'ai d'abord entendu, je le vois maintenant brasser herbes et arbustes.

*

Je n'ai pas résisté longtemps à l'absence de radio, de musique. Moins d'une heure. Qu'importe, voyons-le comme un début, comme un commencement.

Images d'hier soir et de ce matin. Le feu montant d'un papier mis dans le foyer, absolument turquoise, de couleur turquoise. Comme le fond de ces piscines domestiques que j'ai toujours aimé contempler à travers l'eau. Puis, hier soir toujours, il y a eu cette longue ligne de lampadaires allumés du côté de l'île d'Orléans, de l'autre côté du fleuve, comme un appel visuel à me perdre dans la nuit ou à l'affronter, je ne sais trop. Et ce matin, comme je prenais mon bain, le reflet du spot gros bleu sur l'un des murs, reflet en forme de boule turquoise qu'on aurait dite en mouvement avec du jaune à l'intérieur. Moments de bonheur à la fois fugitif et extrême, que ces instants de contemplation. Alors je me sens fort, maître de moi, en accord avec le monde.

Mercredi 28 octobre. — Grande fragilité intérieure. Fragilité morale, spirituelle, intellectuelle. Je ne sais pas de quel côté me tourner pour me conforter dans mes espoirs et espérances. Je ne sais pas à quelle pensée donner forme, à quel désir tracer une voie, à quel geste quotidien m'en remettre de tous mes désarrois. Et je trouve presque irréaliste de devoir lucidement, consciemment compter sur une aide extérieure puisque je suis en train de me demander si je ne suis pas le trou par lequel semble s'engouffrer le monde que je connais, gens et choses.

Mais il y a toujours le bonheur que j'éprouve à écrire.

Soudain, la tentation sauvage de mettre le chien dans la voiture et d'aller l'abandonner dans les montagnes. Comme si je voulais piétiner l'innocence d'un autre être pour n'avoir pas su le moment venu piétiner la mienne. Mais je pourrais tout aussi bien m'en prendre à Pierre.

Nous souffrons beaucoup tous les trois, Cthulhu, Pierre et moi. Nous souffrons de cette souffrance qui est donnée avec l'existence elle-même, de cette souffrance encore qui procure la conscience du bonheur, de cette souffrance qui fait sourire tous les véritables malheureux de la terre, de ceux qui ont compris sans avoir même demandé à le comprendre qu'il n'y a pas ici-bas de paradis. (Mais le chien, pourrait-on me dire. Que vient faire le chien là-dedans. Oui, mais quelle différence entre les chiens auxquels on inocule le cancer dans les centres de recherche et les enfants dont on trafique les organes, reins, yeux, etc.)

Jeudi 29 octobre. — Réveillé à la même heure, tôt dans la nuit, et par le même grand rêve pour la quatrième ou cinquième fois en autant de mois me semble-t-il. L'histoire : je fais visiter pour la vendre une vieille maison toute simple que je possède. Or, en cours de visite, elle devient immense, aux dimensions d'un aréna ou d'une sorte de centre des congrès, ce qui n'est par ailleurs encore presque rien si on compare cela aux sous-sols magnifiques qu'elle dévoile ensuite, immenses pièces, couloirs et voûtes en brique à la fois anciens et modernes par l'usage qu'on devine pouvoir en faire, stationnement pour voitures, musée, salles de création picturale ou musicale, etc.

Ayant fait ce rêve j'aurais pu me rendormir aussitôt. J'ai préféré me lever pour fumer, boire du café et écrire. Mais je ne veux plus parler, en tout cas en ce moment, des choses qui m'arrivent dans la vie courante et qui sont toutes aussi rushantes les unes que les autres. Comme si, de ce côté, j'avais l'impression sinon la certitude de ne plus avancer. C'est une question de sensibilité. Je perçois mieux ou plus intensément que beaucoup d'autres les tenants et aboutissants des événements de la vie courante. Sauf que, m'arrêtant à cela, je finis toujours par me perdre dans des considérations qui au fond m'indiffèrent.

Mais que suis-je donc en train de noter. Ceci. Que j'ai repris le contrôle de ma vie spirituelle égarée il y a bien déjà presque deux décennies dans les méandres d'inquiétudes d'ordre matériel qui, pour être le lot d'un peu tout le monde, ne m'ont personnellement apporté rien de tangible, de nécessaire, de pertinent. Le contraire, même. La dispersion, la futilité. Et leur corollaire : la compulsion.

Nuit de grande sérénité. C'est bon à écrire. Et que je sens vivre le monde en moi. Le cosmos bien sûr, les étoiles, le sable chaud des déserts, le grand air des montagnes. Mais aussi les gens et leurs faits et gestes qui ont fait et continuent de faire de moi ce que je suis.

J'écris lentement, comme pour tremper cette sérénité dans l'acide environnant. Non seulement elle résiste mais elle durcit. (Et le chien qui est resté couché dans son fauteuil au salon, qui vit donc enfin de sa vie propre, j'apprécie beaucoup.)

Vendredi 30 octobre. — C'est curieux, on dirait qu'en même temps que je reprends le chemin de la solitude, c'est-à-dire d'une écriture plus intimiste, le tissu social qui autour de moi s'était tragiquement détérioré est en train de complètement se régénérer. En tout cas en ce qui me concerne, moi.

Marché rue Bourlamaque hier matin à Québec. Les érables avaient encore leurs feuilles jaunes, ocrées ou rouges, sans doute protégés du vent par les bâtiments. L'odeur du ciment, de l'asphalte. Une odeur lourde, chaleureuse malgré le froid.

Les oies blanches et les canards sauvages vont et viennent en ce moment par milliers au-dessus du fleuve, derrière la maison.

La maison. Comme je m'en sens maintenant totalement détaché. Autant que de moi-même, de ma personne physique, de mes projets, de mes rêves, de mes souvenirs. Comme si je n'étais qu'une roche au bord du chemin. Est-ce une image. Qui nous dit que l'existence d'un homme a plus d'importance ou de réalité que celle d'une roche.

II

Château-Richer, dimanche 1er novembre 1992. — La situation est en ce moment la suivante. Depuis des mois j'imagine le pire. La maladie, la dépendance économique et sociale, la dérive affective. Mais il n'y a rien à faire, les motifs d'angoisse pourtant réels, pressants, omniprésents n'ont manifestement pas de prise sur ma vie intérieure. J'ai mon orgueil, ma fierté. Le pire arriverait que j'en souffrirais comme tout le monde. Mais il n'ébranlerait pas mon âme d'aventurier. De toute façon le pire n'arrivera pas parce que je le sais d'expérience, parce que là où je vis, dans le monde qui est en moi, la sérénité seule tient lieu de foi, de loi, de principe et de but.

*

C'est avec joie que je vais me remettre à voyager, à renouer avec des amis, à m'en faire d'autres, à parcourir les routes et les cœurs, à plonger dans l'actualité, à joindre action et contemplation, à donner libre cours à mon émerveillement, à sourire et à écrire.

*

Je sais écouter, j'aime écouter les autres me parler d'eux-mêmes. Et ceux-ci ne s'en privent pas. D'instinct, dirait-on, ils perçoivent que j'entre entièrement dans leur monde, non seulement avec mon intelligence mais aussi avec ma sensibilité. Voilà un talent, une qualité d'une richesse infinie par quoi je peux aider et être aidé.

*

Il est possible sinon probable que ma sœur Madeleine, sa fille Hélène et moi irons au Connecticut en milieu de semaine. Le cas échéant nous prendrons la voiture de Madeleine et c'est Hélène qui conduira. Ce qui revient à dire que je pourrai jouir en toute liberté du paysage, et, si je suis assis à l'arrière comme je le pense, en toute quiétude. Il y a au moins cinq ans que je n'ai pas fait un aussi long voyage. Il ne pourrait être que bénéfique à bien des égards. J'ai le goût de voir beaucoup de monde et de me déplacer dans beaucoup d'endroits.

*

Avec Madeleine passé la soirée chez Yolande qui habite dans la 70e Avenue Est, à Charlesbourg. C'est un coin de Québec qu'avant d'y aller il y a quelques semaines je ne connaissais pas du tout. Un treillis de bungalows d'assez bonne qualité, cossus même. Il y a beaucoup d'arbres et c'est toujours une fête que de circuler, l'automne, dans de telles rues. En partant, au bout de la rue à l'ouest, tout l'espace céleste occupé par l'immense quartier orange de la nouvelle lune.

Maintenant c'est tous les soirs qu'il me faudrait aller quelques heures en visite chez les uns et les autres. Car c'est ainsi que je peux le mieux retrouver ma nature d'enfant. Et recueillir en toute innocence les confidences qu'on est naturellement porté à me faire.

Lundi 2 novembre. — J'ai trop souvent confondu culture et spiritualité. La culture, c'est ce qui me permet en ce moment d'écrire, de donner une forme à ma pensée. La spiritualité est d'un tout autre ordre. Elle est la manifestation d'une autre vie en nous. Et, cette autre vie, je suis de ceux qui croient qu'elle ne nous appartient pas en propre.

Cette nuit j'ai connu la plus grande crise d'angoisse et d'anxiété que je me souvienne avoir jamais traversée. J'en tremble encore. Voilà pour ma vie à moi, où je me déplace aussi maladroitement qu'un canard sauvage qui essaierait de voler dans une cage à serin. Mais cette nuit encore j'ai également perçu qu'une volonté autre que la mienne m'emmenait dans un univers où sont dispensées toutes les consolations et où on peut être aimé d'un amour infini. Et peut-être que je dois cela à Yolande et à Madeleine qui m'ont donné hier soir une affection discrète, pudique, mais en même temps sans réserve et, cela, probablement parce qu'elles sont rendues beaucoup plus loin que moi dans la véritable espérance.

Mardi 3 novembre. — La joie. Elle est profonde. Surnaturelle. Une joie qui passe à travers moi et va vers les autres à la vitesse de l'éclair. Les autres, hier en tout cas : Claudette et Jean-François [E], Raymond Legendre, Michel Roy, Marianne Rouette, Pierre Racine, Irène Belleau, Marc Lozier, Madeleine, Gilles Simard, Cthulhu mon chien. Et ce n'est qu'un commencement.

Mercredi 4 novembre. — Ce matin la douce pluie. Hier il avait neigé. C'est d'ailleurs sous la neige que je me suis rendu à Sainte-Anne-de-Beaupré. Là, pratiquement seul, j'ai longtemps marché dans la basilique. Je vais y retourner. Le bleu des vitraux est magnifique.

Peut-être en après-midi, aujourd'hui, Hélène, Madeleine et moi roulerons-nous vers Bristol, au Connecticut, où ma sœur Suzanne est toujours hospitalisée après son opération soudaine de la semaine dernière, le foie et l'estomac. Mais il faudrait que je puisse auparavant notarier la vente du 708 Royale à Beauport que j'avais quitté en mai pour venir habiter ici. Histoire lente, compliquée, dans laquelle je me sens complètement perdu. Rarement me suis-je senti autant enfant. Et innocent. Un innocent social. Mais aussi, comment dire, un innocent moral, profondément convaincu maintenant que toutes ces choses ne me concernent pas vraiment, que malgré les apparences je n'en suis pas un acteur, qu'elles m'adviennent malgré moi bien qu'en partie pour moi, pour me permettre de vivre de cette autre vie qui est en moi.

III

Château-Richer, dimanche 15 novembre 1992, 21 h 55. — Je ne veux plus vivre seul. J'ai besoin de sécurité, qu'on s'occupe de moi, d'amour et d'amitié. J'ai besoin qu'on me procure la paix que je ne suis plus capable de me donner à moi-même.

Terribles derniers jours. My dog is dead the last week while I was in Connecticut. Tout, maintenant, n'a plus aucune importance. Je ne sais pas comment réagir, je n'ai pas envie de réagir. Friday je me suis sauvé à Montréal chez François et Chantal. On my return ce midi, la première grande neige. Et l'insupportable absence de Cthulhu.

*

22 h 20. Je suis en fuite. Ce n'est pas moi. Mais je sais que je fuis et là, dans la conscience que j'ai de fuir, est peut-être mon salut.

Je fuis un monstre qui est en moi, un compulseur qui ne m'a jamais apporté que la misère morale et spirituelle.

Et qui sait si, à l'instant même, je ne suis pas en train de fouler de nouvelles terres, d'entrer dans un paradis sans doute immérité mais bien réel.

Lundi 16 novembre, 5 h. — J'en suis convaincu, je le sais, je le sens : ma mère Marie-Anne et mon chien Cthulhu, réunis dans un autre monde, veillent en ce moment ensemble sur moi.

Je repense à ce que Chantal, François et moi avons constaté au Salon du livre de Montréal samedi matin, à savoir qu'il ne s'y trouvait en montre aucun des livres du fonds littéraire des éditions Pierre Tisseyre. Et c'est un peu comme si je ne réalisais que ce matin que mon journal, au fond, n'a jamais été publié. Imprimé, oui. Publié, non.

IV

Château-Richer, samedi 3 avril 1993. — Démon ronge un os en cuir à mes pieds. C'est plaisant de sentir la chaleur de son corps et la douceur de sa fourrure à travers mes chaussettes.

Le temps est plutôt gris et froid. Le vent a poussé un peu de neige ici et là le long de la route. C'est la fin de l'hiver. Les terrains se découvrant on repense à l'automne. C'est très passager. Dans quelques jours tout ce qui est dans le sol se remettra à vivre, les arbres, les fleurs, l'herbe.

De même pour tout ce qui est dans mon cœur, si Dieu le veut.

Mon cœur. Mon esprit. L'un et l'autre à la fois riches et pauvres de tout.

Je suis content. Je suis toujours content quand j'arrive à écrire quelques lignes, ne serait-ce qu'au passage. Alors je sais que la paix m'est donnée. Je ne la mérite pas. Je la reçois toujours comme un présent, comme un cadeau. Et alors je me sens aimé.

J'écris sur la table où je mange. Elle est encombrée. Clés, tabac, montre, beurre, radio, lampe, napperons. Ceux-ci sont tissés, d'un bleu plutôt foncé auquel est mêlé un peu de gris. Ils ont fait leur temps. Mais comme j'aime beaucoup leur texture et leur couleur j'hésite à m'en défaire.

Dimanche 4 avril. — La chaleur et le soleil sont là, aussi bien dehors qu'en moi.

Je me demande si, soudainement riche, très riche, je ne choisirais pas l'endroit le plus banal et le plus discret pour vivre et écrire. Une chambre, un lit, une chaise, une table et une fenêtre. À quoi j'ajouterais le luxe de pouvoir marcher librement ici et là, regardant ce qu'il y a à regarder, simplement.

Écrire. Cela m'est un tel plaisir, mieux : un tel accomplissement. La certitude, ce faisant, d'être à la hauteur de mon destin.

Démon demande encore à manger. Il n'y a plus de biscuits pour chiens. Il faudra en acheter. En attendant, quelques grains de moulée sèche.

Tantôt, mon Dieu, je t'ai demandé que cette journée soit la plus belle de toute ma vie. En me disant que celles qui suivront le seront encore davantage. Car c'est ainsi que je vois la vie. Une source. Le lieu très réel de tout ce qui existe de bon et de bien.

Ne rien désirer cependant. Tout désir empêche la cueillette du meilleur.

Selon la liturgie, le calendrier catholique, c'est aujourd'hui le début de la semaine sainte. Je sais déjà que je n'en profiterai guère sauf si je trouve de plus longs moments pour écrire. Je ne suis qu'un homme de joie.

Un homme de joie. La formule est plus qu'heureuse, elle est vraie. Je me demande même si elle n'est pas celle que je cherchais depuis toujours.

*

Je m'en vais finir de détapisser le mur de ma chambre. Et pour le faire je vais me mettre tout nu. C'est stupide, c'est inefficace. Mais ce sera joyeux.

D'abord mettre de l'eau chaude dans un seau. Y ajouter un séparateur de tapisserie. Puis, avec une éponge, imbiber les endroits non encore détapissés.

*

C'est facile de ne pas se sentir fragile. Il s'agit de s'occuper.

La fragilité. Cet incertain et tout ensemble tenace équilibre entre la force et la douceur.

J'ai le cœur à sourire. Sans raison.

Il y a à peu près les mêmes choses qu'hier sur la table. Mais je ne suis pas assis du même côté, la lampe est à ma droite, si bien que me voilà en train d'écrire dans l'ombre même de ma main.

Hier, aujourd'hui, écrivant, je vois que je tente de me remettre debout sur des ruines. Elles fument encore. Le feu couve toujours. Ce qui est encore debout va finir de s'écrouler. Ce fut une longue guerre. Je me la suis faite à moi-même. Elle aura bien duré trente ans. Je n'ai plus rien. Ni biens, ni travail. Je ne sais plus où sont mes parents et mes amis. Je ne sais pas qui daignera me recueillir chez lui comme j'ai fait pour Démon il y a deux mois.

Démon. Qu'il y ait au moins quelqu'un pour prendre la relève et l'aimer. C'est un bon chien.

Moi, c'est sans importance.

Lundi 5 avril. — Je ne comprends pas comment j'arrive à tenir le coup. Il faut bien convenir que celui qui marche à ma rencontre sur les eaux de ma vie intérieure le sait, lui. Mon Dieu, moi, à chaque pas, à chaque pensée, je manque m'y enfoncer.

Christ, toi dont la chair est plus réelle encore que la nôtre, sur quelle autre poitrine irais-je poser mon front brûlant.

Le téléphone, la radio, la télévision, les conversations, il n'y en a que pour les oreilles. Et rien pour la vue, pour l'odorat, pour le goût, pour le toucher.

Dehors il fait soleil. Le train du matin passe. Et le trafic, boulevard Sainte-Anne, s'intensifie.

Mais en moi. En moi c'est toujours la nuit, et il vente toujours aussi fort, et les vagues à la surface du lac immense se heurtent toujours avec la même violence. Je ne sais plus d'où je viens, je sais encore moins où je vais. Je te vois continuant de me faire signe d'aller vers toi mais je n'entends pas les paroles qui accompagnent ton geste ou plutôt je les devine telles qu'elles s'impriment dans ma chair.

Est-ce ainsi qu'on meurt. Est-ce ainsi qu'on renaît.

Démon que je viens de prendre sur mes genoux est si chaud, si enjoué.

Je n'écris plus que pour toi. Le non-sens absolu. Et pourtant. À qui on aime on donne tout ou on ne donne rien.

La douleur. La douleur telle que le monde l'enseigne. Comment pourrait-elle m'atteindre. Moi qui ai toujours su que je trouverais le bonheur dans l'écriture et qui écris.

Et j'irais m'en faire parce que ce qui est écrit et qui est aimé est en même temps repoussé. Je ne peux pas. Je le voudrais, je ne le pourrais pas davantage. Écrits, mes mots restent de ce monde s'ils l'ont été pour toi. Ils sont prière quand je les mets sur le papier. Mais ensuite. Des coquilles vides si l'esprit qui m'animait alors n'anime pas ceux dans les mains desquels ils passent.

Démon n'arrête pas de mettre ses pattes avant sur mes genoux pour me parler. Il est plein de joie. Dois-je le croire. J'ai cru comprendre que quoi qu'il arrive maintenant nous ne serions pas séparés. Rien de plus improbable. C'est ici l'état d'urgence et, sauf un miracle.

Les miracles sont-ils des choses que tu annonces.

Mardi 6 avril. — Période de pleine lune. Les nuits sont admirablement claires. Et le fleuve encore glacé, blanc. Mais la lune, je ne la connais pas vraiment, ayant toujours habité en milieu urbain.

Le lac d'hier matin et toi êtes restés en moi toute la journée. Ce n'était pas dramatique, c'était plutôt apaisant malgré le déchaînement du vent et des eaux. Tu étais là, tu es toujours là donnant force à ma fragilité.

Je n'ai pas passé une bonne nuit. Je n'ai pas bien dormi. Comme si l'attention de mon esprit avait sans cesse été ramenée à de quelconques douleurs musculaires. On n'en meurt pas. On ne meurt pas de mal dormir à l'occasion.

Est-il possible que tout ce qu'il y a de trouble en moi puisse se résumer au sentiment de n'être pas à la hauteur de ton amour.

Je n'ai plus l'âme à demander quoi que ce soit. Il y a tant, déjà, à prendre et à contempler.

Démon s'amuse, court comme un fou. Il s'agit d'une sorte de ronde amoureuse préparatoire à son repas. Cela peut parfois durer une heure. Bref au lieu de se précipiter tel un damné et comme faisait Cthulhu sur sa nourriture on dirait qu'il n'a de cesse de ne pas croire qu'on puisse lui donner à manger. Si bien que j'en arrive à me demander si, dans sa très courte vie, ce chien n'a pas plus souffert que nous tous, humains. C'est fort possible, la douleur ne se mesurant pas au nombre de coups ou d'années mais à l'intensité de l'abandon dont on se sent l'objet. Je ne sais pas, je ne saurai jamais par quelles épreuves il aura passé avant de s'avancer vers moi.

Est-ce moi. Est-ce bien moi qui ai recueilli Démon. Cela n'a presque pas de sens. Le grand saccage était commencé. Je ne savais déjà plus ce que je faisais.

Alors c'est toi. Et je comprends que le chien et toi vous vous aimez en moi, à travers moi. C'est me faire beaucoup d'honneur, c'est m'accorder une grande confiance.

J'écoute encore le *Requiem* de Mozart. Je ne m'en lasse pas. On dirait la joie prélevée sur la mort.

Voilà, il me semble que c'est toujours bien commencer la journée que d'écrire un peu.

Jeudi 8 avril. — Je cherche ton monde, Christ. Les doux et humbles de cœur. J'ai besoin d'eux. Je sais déjà que je ne les reconnaîtrai pas à leur beauté mais à leur bonté. Et qu'ils diront la vérité sur eux-mêmes puisque la vérité est tienne.

Je me suis moi-même égaré dans le siècle. Je ne sais qu'en faire, je n'en ai jamais su que faire. Et je tremble à la seule idée que j'aurais pu mourir ainsi, perdu.

Si tu le permets je n'aurai plus d'autre souci, maintenant, que de regarder le monde autour de moi, de le contempler et d'en écrire, mais selon toi, en toute clarté intérieure.

J'ai beaucoup aimé qui ne m'a pas aimé, toi seul sais ce que cela aura pu donner ou ne pas donner. Mais je sais et tu sais aussi qu'il ne peut plus en être ainsi, que je ne peux plus être dupe de ce qu'on me cachait.

Heureusement tu es venu me chercher dans ma naïveté. Tu t'es penché sur ma pureté et tu l'as trouvée agréable. Après Cthulhu je le sais par Démon. Je n'ai pas le culte des animaux. Mais j'ai certainement celui de leur amour.

Les mouettes et les goélands dans le jour commençant. Des cris perçants qu'on dirait chaque fois extraits, sortis de la peur elle-même.

Démon a demandé à manger. Je l'ai servi, moulée et lait. Et le voilà, au lieu de se précipiter sur son plat, en train de se livrer à sa ronde amoureuse. Ce n'est pas une fête, c'est l'essence même de la fête. Il agit vraiment comme si nous ne devions pas nous quitter. Puisse-t-il voir et sentir mieux et plus loin que moi.

Samedi 10 avril. — Ce matin je ne sais pas vraiment quoi noter. Je suis en train de devenir un homme de prière. Mais c'est aussi, de plus en plus, comme si je ne trouvais pas d'intérêt à prier pour moi.

Comment dire. Pas plus que je ne la sens derrière je ne sens ma vie devant moi. Elle est en moi. Et de là je vois tout, la bêtise et la sanctification, et que les bêtes s'enliseront dans leur bêtise, et que les saints s'envoleront dans leur sainteté. S'élèveront, plutôt.

Démon est en train de me lécher les orteils. Ce n'est pas sensuel. Je perçois plutôt de la reconnaissance. Ce serait une bénédiction que de vivre les dix ou quinze prochaines années en sa compagnie. Mystère. Et miracle tout autant. Car enfin, ne suis-je pas sur le point d'être matériellement dépossédé de tout.

Encore ces mouettes qui crient avec aussi peu de raffinement que la radio commerciale.

Lundi 12 avril. — Depuis hier après-midi la maison et les environs (fleuve, ciel, route, falaise, terrain) sont remplis d'anges. Beaucoup, agenouillés, sont blancs ou dorés. D'autres, au moins en aussi grand nombre et qui se déplacent en colonnes dans les airs, arborent toutes les couleurs qu'on dirait par ailleurs générées par eux comme le soleil lui-même en dispose avec la lumière. J'ai appris jeudi soir que de les voir pourrait signifier qu'ils forment une chaîne de protection autour de moi.

Des mois que cela dure.

Hier soir en me couchant je me suis demandé pour la première fois si mon esprit n'était pas en train de m'entraîner dans la folie. Mais c'est spirituellement impossible. Tout cela n'a qu'une seule et unique source : l'oraison dominicale, le Pater.

Et puis, il n'y a pas que les anges que je vois ainsi. Il y a toi. Et il y a ceux que j'ai beaucoup aimés et qui sont morts. Et il y a encore Cthulhu.

Ce n'est pas tout. Mardi dernier. Je me souviens de l'heure, il était 16 h. Je m'étends sur le lit pour me reposer un peu. Je viens à peine de fermer les yeux, aussitôt, sur fond bleu foncé, de petites nuées d'étoiles en forme de croix à bien y penser se mettent à quitter mon cerveau ou, enfin, la représentation qu'on peut s'en faire. Une quarantaine, une cinquantaine peut-être par nuée. Et tout de suite, instantanément je me suis dit que ces croix blanches, minuscules et presque transparentes représentaient mes souffrances passées. Et je me rappelle encore qu'avant de sombrer dans un sommeil profond je t'ai offert ces souffrances en te disant d'en faire ce que tu voudrais et non sans penser qu'elles pourraient aider quelqu'un d'autre.

Enfin jeudi après-midi pendant qu'on me conduisait à Saint-Raymond de Portneuf sous un soleil splendide, un résident de la maison des Dominicains rue Grande-Allée Ouest me faisait remettre une petite croix en bois dont j'ai pris possession le soir même. Un peu plus tard, au moment de me coucher, en déposant la croix sur ma table de chevet, et comme je la tenais encore au creux de ma main droite, un instant j'ai vu toutes les couleurs en sortir pures comme d'un prisme. (Le lendemain Vendredi saint, rentrant de Québec vers 13 h, j'ai trouvé la croix près de la porte d'entrée sur le sol. Démon l'avait toute rongée. J'ai eu de la peine mais je n'ai pas grondé le chien. J'ai téléphoné pour qu'on me procure une autre croix.)

Nuit du lundi au mardi 13 avril. — Il fait un vent très fort à l'extérieur.

Et ne nous conduis pas à la tentation.

Au contraire.

Tactiques grossières et puériles du Prince de ce monde toute la journée d'hier. L'ennui c'est lui et ce n'est que lui. Aussi Démon porte-t-il bien son nom que je peux aimer comme on aime un animal, simplement.

Je vais très lentement pour noter ce qu'il y a à noter.

Vendredi après-midi, Vendredi saint, un peu avant 15 h les Dominicains ont été mis au courant de la dévoration de la petite croix par mon pitou. Panique et prières. Mais moi, au même moment et ne sachant rien de cela, j'ai prié pour eux.

La croix ne sera pas remplacée. On suggère plutôt de faire vite bénir ma maison.

J'aimerais quand même que les choses se passent beaucoup plus simplement à partir de maintenant. Je n'ai plus de goût aucun pour mon manque d'intelligence. Le Pater y suppléera. Je n'ai pas besoin de tout savoir pour bien agir. Comme j'ai lu hier, «savoir, c'est aimer» (Trithemius, abbé de Spanheim).

Allez, quelques heures de sommeil avant d'entreprendre une journée qui sera bonne entre toutes. Je t'aime, Christ.

Nuit du mercredi au jeudi, 15 avril. — Trois jours de fièvre intense, de gorge irritée, de sinus bloqués et de toux poitrinaire déchirante.

Il y a une quinzaine de minutes j'ai grondé Démon qui venait de pipifier sur le tapis. Maintenant, après sa mise en pénitence, il s'amuse avec surprise du biscuit que je lui ai donné. Quel bon chien. Comme, si souvent, j'aurais voulu être moi-même.

Comme chaque fois que je suis malade j'ai pensé mourir. C'est excessif. Mais qu'y peut-on. Et puis, puisqu'on le pense, il y a vraiment mort. Mais au sens de résurrection. Encore lundi j'étais sans projet réel pour l'avenir immédiat. Depuis mardi soir il me semble que j'ai repris le sens du bon sens. Le midi j'avais appris que la maison que j'avais quittée en mai de l'an dernier, à Beauport, était remise en vente. Et alors je me suis mis à penser que je pourrais y retourner vivre et travailler. Et toutes les fois que j'ai fermé les yeux depuis pour m'extraire quelques minutes ou quelques heures à la douleur que me causait ma difficile respiration je me voyais tout aussitôt là-bas, tenant librairie ou m'affairant aux petites choses de la vie courante à l'étage.

Ma fièvre n'est pas encore tout à fait tombée. Je me demande si, quand elle le sera, elle n'aura pas emporté ce rêve avec elle. D'une certaine façon je le souhaiterais tant il semble irréalisable. Une montagne, en vérité. Une montagne. Comme il est écrit. Elle peut être déplacée. Aussi le cas échéant, Christ, comprendrai-je jamais pourquoi je serai venu comme perdre mon âme ici durant une année. Mais, quoi qu'il arrive, j'ai déjà compris. Tu voulais la reprendre. Mon âme.

V

Château-Richer, vendredi 16 avril 1993. — Matinée grise. Il va peut-être pleuvoir. J'aimerais qu'il pleuve. J'aime tant la pluie, surtout à cette époque-ci de l'année, quand l'hiver est fini, quand le printemps fait des histoires avec son propre démarrage.

Un peu plus tôt j'ai vu ma première mouche de la saison dans la petite fenêtre de la cuisine au-dessus de l'évier, entre les deux vitres coulissantes. Une grosse mouche. Une mère, peut-être.

En ce moment j'écris lentement, dans la plus grande fragilité du cœur et de l'esprit, osant à peine croire au bonheur qui m'est encore donné de pouvoir mettre des mots sur le papier, simplement, comme se font toutes les choses quand on se donne la peine de bien les regarder.

VI

Château-Richer, mardi 27 avril 1993. — Le commencement. Le commencement de je ne sais pas quoi. Il fait soleil. Le lave-vaisselle fait son bruit d'enfer. Et moi. Et moi je n'ai plus envie de la vie rapetissée que ma trop grande bonté me propose. Je suis trop homme. Comme aux toutes premières heures de ma vie, je ne m'en rappelle pas mais je le devine, j'ai encore envie de tout et plus particulièrement de l'instant qui se présente à moi en ce moment, il est 14 h 50, Démon, le chien, va et vient autour de moi sur le tapis défraîchi de la cuisine, j'ai le goût d'une bonne cigarette, je me la roule, mais je ne vais plus rouler très longtemps, il y a tant de plaisir à fumer et si peu de temps à perdre à se procurer ce plaisir, on pense rouler par économie et on n'économise rien que la bêtise des bonnes âmes promptes à préserver la santé des autres pour se cacher à elles-mêmes qu'elles sont totalement pourries.

16 h. L'infinie connerie du monde. La mienne pour commencer mais peut-être pas pour finir. Aimez-vous les courtiers, les vendeurs et vendeuses de maisons, le mensonge, la tricherie, l'hypocrisie. Moi

pas. Ni les notaires et banquiers leurs complices. Ni tous ceux et celles qui se servent de Dieu au lieu de le servir. Petit monde et monde petit. Populace mesquine, prétentieuse, idiote. À la fin, à force de fréquenter ces gens-là, on en vient à se sentir soi-même nul, sans espérance, sans même une histoire, la sienne propre, à raconter. Mais qu'est-ce qu'un voleur, une voleuse. Inexistence.

Il fait soleil et léger brouillard tout ensemble. Je sens la fierté me revenir, qui fut longtemps partie, en allée. Elle n'est pas quotidienne, elle n'est ni nocturne, ni diurne. Elle est. Je prends tout. Le temps qui passe, l'espace qui dure, un café, le piano liquide à la radio et la troublante sensation de maîtriser mon destin. Voici les forêts et les falaises. Voici la ville elle-même ouverte comme un cul désirable et se faisant désirer. Oui, j'ai non plus le devoir mais le droit de tout dire, de tout écrire et de tout faire de ce qui est dit et écrit. J'ai la conscience claire. Je suis de mon temps. Je suis comme sont mon corps et mon esprit, ici en harmonie et là en lutte commune contre les serpents et sornettes. J'ai compté mes amis. Ils se sont connus, ils se sont aimés. Voilà ma force, voilà mon humanité, voilà l'amour qui fait tout et en dehors duquel il ne se fait rien. (La musique à la radio était celle de Liszt, *Bénédiction de Dieu dans la solitude*.)

Prendre son chien dans ses bras n'est pas du tout comme prendre un enfant par la main. Connard. Cela fait combien d'années que tu cabrélises ton monde. As-tu la moindre idée du mal que tu as fait et fais encore. Chiot, Démon s'est battu avec le froid, la montagne et l'homme pour venir jusqu'à moi. Quel enfant en a jamais fait autant.

Portrait de la courtière. Elle roule dans le vide comme la tante-fée de Cendrillon dans le film de Walt Disney. Et on la dirait pleine d'air, etc. (18 h 30. Je viens de passer deux heures avec elle. Il y a de l'amitié entre elle et moi. Mais je reste insensible à son discours professionnel, si je reçois avec sympathie ses confidences de femme et de mère de famille. Et je hais son discours de courtière, il m'emmerde.)

Mercredi 28 avril. — C'est encore la nuit. Je me lève aussi tôt pour avoir, avant de me coucher, dormi quelques heures en soirée assis dans le salon. Je ne sais pas qui joue et chante à la radio mais c'est très beau, de grandes voix, un grand chœur, une musique pulsative, quelque chose enfin, opéra ou oratorio, qui me donne des ailes tout en affermissant mon pas, car je me vois davantage marcher que planer dans ma pensée. (Il s'agissait de la première partie de l'oratorio *Paul* de Félix Mendelssohn.)

Aujourd'hui j'ai à écrire une longue lettre. J'ai mérité de le faire. Et je n'aurais pas mérité que je le ferais quand même depuis le cœur d'enfant qui est le mien.

L'aube. L'aube qui fait surgir le ciel et la terre de la noirceur même de l'univers et arrache du même coup les étoiles de notre contemplation. C'est dur. C'est troublant. C'est féroce. Et c'est ainsi chaque matin puisque chaque matin il y a à poser le regard sur un monde qui quelques instants plus tôt n'était pas. On veut mourir, on meurt. Puis, dans la même fraction de seconde, c'est la renaissance totale, absurde, gratuite, amoureuse. (Démon est allé chercher ses guenilles qui traînaient ici et là dans la maison, il les a placées sous le siège de ma chaise et il s'est couché dedans.)

Ma lettre, la lettre que je dois écrire. J'ai tout fait pour éviter d'en arriver là. À la fin, des mois durant, j'ai prié. Je prie encore. Ou, plutôt, je laisse prier en moi. Je n'entends pas des voix mais qu'on se sert de ma voix intérieure pour le faire. J'ai prié mais pour découvrir à la longue que j'étais tout à fait incapable de prier pour moi. Un abandon total. Au fond, il en a toujours été ainsi. Je ne me suis jamais appartenu. J'ignore ce que peut signifier «être soi».

Portrait de la courtière. Son récit. Il y a quelques années son fils aîné Michel, son préféré, s'est suicidé. Il était parti de la maison sans dire où il allait. Il avait plus tard téléphoné à l'un de ses frères pour lui demander d'aller déposer ses effets personnels dans une case postale à Québec. Il s'est tiré une balle dans la tête. La courtière a un doute. Elle pense, il lui arrive de penser que son fils pourrait avoir été tué. Par ailleurs son ex-mari l'accuse, elle, d'avoir poussé leur fils Michel au suicide en l'amenant à trouver normal de s'endetter pour monter une affaire de coupe de bois ou quelque chose du genre. Je sais ce que c'est. Elle m'a fait faire la même chose. Elle a une force de persuasion démentielle. En réalité elle pratique la pensée positive sur le dos des autres. Mais pourquoi. Pourquoi ai-je accepté d'entrer dans ce jeu grossier. Mais qui. Qui, d'elle ou de moi, a cherché l'autre. Le mystère est là. Hier François a dit qu'écrire comme j'écris est une façon de se suicider. Je suis donc en train de me suicider. Mais elle, est-elle en train de me tuer.

8 h 40. Je ne peux plus fonctionner, je ne peux plus rien faire, rien, ni prendre mon courrier au chemin et encore moins le dépouiller, ni sortir les ordures, rien. En tout, pour tout, Christ, je m'en suis remis à toi il y a cinq mois. J'ai tout perdu. Cette fois je me suis moi-même endetté sans personne pour me pousser à le faire. Une dette énorme, incommensurable. J'ai demandé ton amour tout en sachant que je n'aurais pas pu le demander si toi-même tu ne m'avais pas incité à le faire. Ce qu'on appelle la grâce. Mais j'écris. Et c'est encore toi. Il n'y a pas, là, suicide. Il y a, là, la vraie vie. Maintenant mon cœur bat et irradie dans tous les sens comme le soleil lui-même.

Et pourtant. La lettre. Il n'y a pas de lettre à écrire. Je ne sais plus. Oui, non. Me voilà de nouveau sans ressort et sans foi certainement en ce qui concerne les choses de ce monde. C'est effrayant. Je ne peux plus m'aider moi-même. Sauf si j'écris. D'ici je vois tout, j'entends tout, je perçois tout, les bruits, le silence, la fureur, la haine, l'amour. Le gros Sylvain, la semaine dernière, a-t-il compris ce que j'attendais de lui, ce que Michel lui demandait pour moi, de l'air, de l'eau, le pardon.

Attendre tout de toi mais rien des autres parce que ces autres attendent tout de toi à travers moi. Mais voilà, je ne sais plus rien faire d'autre que prier. Prier et écrire. Le monde a viré fou. Le monde est fou. (Je n'ai jamais écrit comme j'écris en ce moment. Comme si j'arrachais des épines de mon âme. Mais de quoi franchement aurais-je désormais peur puisque je t'appartiens tout entier. Une dernière peur quand même, celle de ne pas écrire ce qu'il y a à écrire. C'est con, puisque j'écris.)

Portrait de la courtière. Il s'agit seulement de me sortir de sa folie ou, plutôt, qu'elle m'en sorte elle-même. C'est une inculte. Et si l'inculture a une essence elle est cette essence même. D'ailleurs je suis moi-même un inculte dans toutes les affaires de fric, d'argent. À elle de jouer donc. Ensuite je continuerai de l'aimer, mais pour elle-même et à l'abri des visées de son esprit tordu. Et puis, son histoire n'est pas vraiment à raconter, elle est vieille comme le monde, elle est celle de ceux qui produisent le contraire de ce qu'ils disent. Et qui pleurent sur la désuétude de leurs arguments. Les larmes lui sont venues trois fois aux yeux en fin d'après-midi hier. Vallée de larmes. Voilà des mois que je pleure moi aussi. Mais pleurer n'est pas écrire.

11 h 5. J'ai déjà tout donné. J'avais déjà tout donné de moi en demandant à Pierre Tisseyre de publier les six premiers volumes de mon *Journal*. J'ai donné sans compter, absolument, totalement. Maintenant, je recommence à vouloir donner. Mais je ne sais pas comment faire. Je reste égaré. Il faut pourtant que je donne. C'est en donnant que je découvre vraiment ce qu'il y a en moi et qui est une sorte de richesse à l'état pur, une richesse inépuisable. (Michel a téléphoné un peu plus tôt. Il a parlé au gros Sylvain en fin de journée hier. En tout cas ce n'est pas dans l'après-midi que celui-ci aura prié pour moi dans son monastère de Dominicains, à quelques pas de chez Marianne où nous avions festoyé la veille, rue

Bourlamaque. Non, il n'a pas prié, il a dormi. Et c'est Pierre qui ne sera pas content d'apprendre cela, qui juge que c'est déjà une perte, un gaspillage injustifiable d'énergie séminale que d'entrer au cloître quand on n'en est qu'au début de la trentaine, il faut laisser cela aux gens de quarante et cinquante ans a-t-il ajouté, ceux que Pierre imagine en perte de bandaison donc. Comme moi.)

Jeudi 29 avril. — Le gouffre. Financier, psychologique, moral. Mais tout se tient. Confusion dans la cohérence cependant. J'ai envie, le besoin de prier Marie, ta mère. Par oraison. Sans mots. Je ne trouverais pas les mots. Et puis, il y a urgence. Mais il y a aussi qu'il est connu qu'on ne sache pas que rien de ce qu'on lui ait demandé nous ait jamais été refusé. Enfin elle est tout amour, elle, elle ne donne et ne suscite que l'amour alors que les autres mères, par je ne sais quelle violation d'âme et de corps, attirent la haine quand elles ne la génèrent pas elles-mêmes.

Portrait de la courtière. Ses affreuses larmes. Le cancer qui a suivi le suicide de son fils Michel. Puis l'opération. Mais aussi une magouille immobilière dont elle aurait été victime et à laquelle je n'ai, à vrai dire, pas compris grand-chose. Et si je n'ai pas compris c'est parce qu'elle n'est jamais allée au bout de ses confidences, elle veut confesser mais n'en est pas capable parce qu'elle continue de tricher avec sa conscience, avec elle-même. Bref comme bien des mères elle pleure sur elle-même au lieu d'arroser de ses larmes et en toute simplicité les pieds de ceux qui l'aiment. Je suis en colère. Je suis un homme simple et je n'ai que faire de tous ses mensonges de deuxième niveau. Autre signe, elle ne voit rien, ne regarde rien. Ce ne sont pas des maisons ou des terrains qu'elle cherche à vendre mais ses raisonnements. En cela les femmes cessent d'être des femmes, et les hommes, des hommes. Les raisonneurs n'ont pas de cul. Les raisonneurs, c'est de l'air, du vide.

Savoir, c'est aimer. J'aime sentir la table sous le cahier dans lequel j'écris. J'aime entendre le chien aller et venir dans la maison. J'aime faire glisser le stylo sur le papier. J'aime fumer. J'aime être qui je suis. Marie. Je lui demande de te demander de me délivrer de ma courtière, de la maison que j'habite et de tous ces faux raisonnements que cette grotesque araignée a tissés autour de moi. Je lui demande surtout de te demander de faire cela vite, très vite, dans l'heure comme on dit et puisque toute demande ayant pour objet le temps a toujours l'air, quand on vous la fait directement au Père et à toi et à l'Esprit tout aussi bien, de royalement vous heurter, raisonneurs à vos heures vous autres aussi et comme si vous regrettiez presque, à certains moments, de nous avoir livré l'arme fatale qu'est votre amour. Alors, me dis-je, si c'est Marie qui s'en occupe, il pourra être dit que vous avez sauvé vos saintes faces et moi la mienne pareillement.

Hier je n'ai pas écrit ma lettre. Par instinct. Pour m'être d'abord languissamment puis soudainement rappelé que tout ce qu'on a demandé durant des mois sinon des années et qui est sur le point de nous être accordé est souvent détourné de son but par l'impatience du dernier moment, par une cassure ultime de l'espérance, par assaut diabolique. Mais voilà, je ne suis pas de la race des prophètes, je ne suis que moi, un cœur d'enfant avec un petit chien à nourrir et à aimer et qui me le rend bien et que j'emmènerai au ciel avec moi que cela vous plaise ou non à tous les trois.

Portrait de la courtière. Au moins subconsciemment cela aurait certainement bien fait son affaire que je me suicide. Cela, en d'autres mots, lui aurait permis de reporter d'une dizaine d'autres années l'issue du combat qu'elle mène avec elle-même. Les guerriers sont ainsi. La vue des cadavres autour d'eux les conforte dans leur cause tout en anesthésiant leur capacité de trouver des solutions paisibles et durables aux conflits qu'ils activent. La peur. La peur de se retrouver à la fin de la bataille face au vide qui les remplit. La peur de leur propre mort. La peur d'avoir à se dire à l'instant de mourir qu'ils ne croient en rien et, qui pis est, qu'ils n'ont jamais cru en rien. Et ce sont ces gens-là, sans qu'il y ait jamais d'exception, qui nous emmerdent avec leur famille et leurs histoires de famille. Car qu'est-ce que la famille sinon, justement, l'inculture. Il y aurait culture, il n'y aurait pas de famille.

Portrait de la courtière. Toutes les mères sont chiantes. C'est dans la nature des mères d'être chiantes. Même toi tu as trouvé la tienne chiante de n'avoir pas compris par elle-même que tu n'étais pas de son monde à elle mais de celui de ton Père. Elle a vite compris elle, cependant, et les anges aidant. Elles ont besoin d'anges pour comprendre. Et quand les anges ne viennent pas à elles elles se permettent d'en procréer pour envoyer les leurs propres au milieu des tiens qui n'en ont somme toute que faire. On ne peut pas comprendre la grande croisade proavortement qui secoue le monde si on n'a pas compris cela. Hélas. Comme si les anges, pour être, avaient besoin de ne pas être.

Je suis un homme en colère mais d'une colère dirigée contre les anges déchus. Le mal que tous ces cons-là peuvent nous faire. Avec, nécessairement, notre consentement. Il n'y a pas, là, de mystère. Qu'il se lève celui qui ne voit pas à l'évidence qu'il a toujours le choix entre aimer et haïr. Moi par exemple. Ma courtière. Je l'aime. Comme tu as dit. Aucun grand mérite à aimer qui nous aime mais beaucoup à aimer qui ne nous aime pas, qui, surtout, lève la haine en nous. C'est ce qu'elle a fait. Par la seule tactique connue et connaissable : le mensonge. Elle est mal tombée. Car ce n'est pas le mensonge qui détruit tout mais l'amour. Et moi j'aime. Les pierres, les chiens, l'eau, les nuages. Et les mères qui tant nous font chier. Et les épouses-mères qui nous font en plus dégueuler.

Je trouve curieux, depuis deux heures que j'écris, qu'elle ne se soit pas manifestée pour me détourner de dire ce qu'il y a à dire. Et puis non, il n'y a rien de curieux là-dedans. Je ne prie jamais pour moi, je ne sais prier que pour les autres et c'est de toute façon la seule manière de prier. Chère Marie. Je sais qu'elle est auprès d'elle. Par amour pour moi. Par amour pour toi.

15 h 30. J'ai somnolé un peu sur les fauteuils du salon, Pierre en train de lire près de la fenêtre et Démon couché sur moi par-dessus la couverture dont je m'étais recouvert. Alors il m'a semblé que ta Marie me prenait dans ses bras et me consolait de bien des choses. Et puis, elle a déjà commencé à s'activer. Ce matin la courtière a fait téléphoner son fils Jean-

François pour dire qu'on viendrait visiter la maison en fin de semaine. C'est bien mais j'ai envie de gueuler que ce n'est pas assez et que j'en ai ma claque de ses fils vivants ou mort et que mon impatience est toujours là tapie au fond de moi de me voir vite renaître de mes cendres. Il fait un gros soleil qui rend le fleuve monotone, sans âme, sans sel. Je m'en souviendrai.

Vendredi 30 avril. — Les stores fermés. Hier journée d'été, aujourd'hui journée d'hiver. Il est 10 h 45. Il n'a pas été possible que j'écrive plus tôt. J'aurais aimé. Beaucoup de choses sont en train de prendre leur ordre dans ma tête. L'une d'elles : la grâce. Dieu m'est témoin que je n'y ai jamais compris grand-chose jusqu'à ces derniers mois. Mais aussi, comprendre, prendre conscience, c'est peut-être commencer à remercier après avoir accepté qu'il en soit ainsi, que ce qu'il y a de bon en nous ne vienne pas de nous mais de toi. Un monde.

Portrait de la courtière. Comète obsédante. Comment a-t-elle fait irruption dans ma vie. Toutes les explications n'en constitueraient aucune. Il y a là un mystère que j'accepte de vivre comme un mystère mais sans renoncer, pour autant, à le connaître. Et à sentir. J'en suis sûr, je suis en pleine œuvre de rédemption. Pas la mienne, ce n'est pas quelque chose qui pourrait venir de moi, tout le contraire, on viendrait me chercher pour me conduire à l'asile et je me laisserais faire tant la fragilité et moi ne faisons plus qu'un, et pourtant, oui, à aucun moment je ne me suis senti abaissé, élevé plutôt, porté au-delà de tout ce que je connaissais de moi et de la vie.

Marie. Toi. Je vous ai appelés dans la noirceur de la dernière nuit. Faiblement mais sûrement. Pierre était malade, une crampe au pied. Je l'ai couché dans mon lit. Avec Démon nous étions trois. Et on aurait dit qu'il ne passait plus d'air dans mes poumons. Mais quand je l'ai pu, des fractions de seconde ici et là, je vous ai demandé de veiller sur nous. Ce n'est plus moi qui vis en moi mais toi. Mais j'écris. Voilà ce que je ne comprends pas trop. Et la facture de mon écriture, forme et contenu, me renvoie l'image de quelqu'un qui a la maîtrise de lui-même.

12 h 50. Téléphoné chez Pierre pour prendre de ses nouvelles. Personne ne répond. Je suis raisonnablement inquiet. Le fait est que, la nuit dernière, les veines de son pied gauche enflaient démesurément. Cela allait et venait. Pierre. Je lui dois d'être l'homme nouveau que j'achève de devenir, que je suis devenu, que je continuerai d'être. Il a redonné corps à ma spiritualité, il a redonné une âme à mon âme. Et moi, en retour, que lui ai-je donné. Si peu, si peu. Je ne peux pas être raisonnablement inquiet. Je suis inquiet. Et serein du même souffle. Allez comprendre quelque chose à cela. (Bon, j'ai retéléphoné. René a répondu. Son fils est allé à la banque. Il me reste donc à reporter mes angoisses ailleurs.)

Samedi 1er mai. — L'aube à peine. J'ai mis le lave-vaisselle en marche, j'ai besoin de bruit, j'ai surtout besoin de ce bruit qui symbolise à mes yeux la sécurité, la tranquillité domestique d'après le repas du soir, il y a là j'imagine un souvenir, une impression d'enfance, bruit si assourdissant qu'on ne peut que se taire, bruit enveloppant de l'eau venant comme contrer celui du moteur. Mais j'aurais encore dormi. Mais je dois écrire, un peu à tout le moins. Retrouver l'état de dérive d'hier soir avant que Michel, au téléphone vers 22 h, n'en vienne briser le libre et légitime déroulement. Alors j'ai compris. Et j'ai surtout compris que j'avais tout compris depuis le début, depuis que nous nous connaissons et qu'à celui de la courtière il me faut maintenant ajouter le portrait du libraire et m'enfoncer dans la psychanalyse de bas étage dont il noircit le monde autour de lui. Mais alors qui invoquer puisque le temps encore une fois me presse et que le temps, comme j'ai déjà dit, n'est pas vraiment ton affaire. Marie. Et puisqu'à l'origine elle n'était pas divine, elle.

Portrait du libraire. Il est comme les autres de sa race qui n'aiment que les jeunes hommes à visage féminin et qui se servent de leur vie pour construire autour de ce faux amour un mur de mensonges et de tricheries pour en apparence cacher ce qu'ils ne cessent en réalité de dévoiler. Faux amour. Amour, c'est-à-dire haine de soi uniquement. Voilà, de toute façon, ce que toute psychanalyse contient, recouvre. (Mes yeux et mon esprit se voilent. Il est si difficile de confesser qu'on n'aurait désiré que se laisser convaincre, séduire. Les psychanalysants sont si convaincants, qui se servent de la parole, du verbe, pour jeter sur l'univers entier le filet de leur désinformation. Donner l'impression de tout dire pour bien taire ce qu'ils n'oseraient avouer puisque alors leur psychanalysure se retrouverait sans objet.) Mais le pire : parlant d'eux on ne peut que se demander si on n'entre pas dans leur jeu, si on n'est pas enfin pris dans leur piège. Quelle merde, comme on dit.

9 h. Moi, c'est toi que j'aime, que j'ai toujours aimé. Ce qu'il y a de nouveau, c'est que j'ai commencé à comprendre que pour t'aimer comme je t'aime il fallait d'abord que ce soit toi qui m'aies aimé, ce dont je n'ai jamais douté mais ce dont aussi je n'avais pas mesuré toute la grandeur, car enfin que suis-je d'autre qu'un enfant et pas facile à vivre tout compte fait, mais quel enfant le peut être qui, si on l'aime, demande toujours plus d'amour et qui, si on ne l'aime pas, n'en demande pas moins.

C'est samedi, il fait soleil, il fait chaud et l'angoisse et l'anxiété m'étreignent comme jamais, je me sens tellement abandonné, livré à un sort qui ferait se damner le Diable lui-même si ce n'était déjà fait, pris dans un tissu de mensonges et de tricheries contre lesquels je n'ai d'autre recours que la douceur qui me fait vous aimer Marie et toi, quelles terribles souffrances dans ma poitrine, et quelles atroces désespérances venant de tous côtés cogner en hordes contre l'Espérance qui elle n'est ni de ce monde, ni de ce temps, mais de toujours, mais de maintenant, mais d'hier même et de telle sorte que je peux me dire que vous m'aimez déjà tous les deux plus que je ne peux en prendre et si tant est qu'on puisse jamais se sentir trop aimé.

Portrait de la courtière. Délivre-m'en. Elle n'est pas chipie, elle n'est pas sorcière. Mais elle ment. Elle se ment à elle-même. Je lui ai dit, quand elle me l'a demandé, qu'elle n'avait pas à se sentir responsable de la mort de son fils Michel. Mais elle n'écoute pas, elle n'écoute rien, son cœur malgré les larmes reste fermé au seul pardon qui après le tien importe, le sien propre, je serai passé dans sa vie sans bien comprendre ce que j'y serai venu faire, maintenant je dois m'en aller, à toi de jouer, à toi de prendre sa douleur en toi, je reste et j'empêcherai cela, je reste et ce qui n'était que souffrance deviendra malheur, emmène-moi loin d'elle et je saurai, quand je prierai, que tu prieras toujours ton Père en moi pour elle, c'est le plus désormais que je puisse faire, j'ai besoin de renouer avec la joie qui est en moi, triste je ne sers à rien ni à personne, et puis, j'ai à écrire.

Dimanche 2 mai. — L'Esprit. À l'instant, en me levant, j'ai bien vu que l'Esprit était en moi, en nous. C'est confondant. D'ordinaire on le pressent, on le devine, on l'intuitionne. Mais quand on le voit et si tant est qu'on demande ou qu'on puisse même demander à le voir. Et si la folie des uns tenait toute dans la foncière impossibilité de regarder cela en face. Aussi comment vais-je vivre maintenant. Car il y a là un pouvoir, une souveraineté, une toute-puissance.

Portrait de la courtière. Aucune nouvelle d'elle depuis mardi sinon par l'un de ses deux autres fils, Jean-François, qu'elle a fait téléphoner deux ou trois fois pour me débiter les mensonges d'usage, l'argent qu'on avait dit qu'on mettrait dans mon compte à la banque, les visites annoncées de la maison. Entre autres. Tout cela est tellement grossier, enfantin, puéril, et irresponsable, et méprisant somme toute. Je pondère. Sachant, dans le fond de mon cœur, que ces mensonges et tricheries n'ont pas pour but de me faire du mal à moi, que le mal ici est celui qu'ils se font à eux-mêmes et que c'est bien ce qui me rend le plus triste. Leur fils et frère Michel, sa mort brutale, son suicide qu'ils ne se sont pas pardonné à eux-mêmes et qui les empêche de voir les choses autour d'eux comme elles sont, en toute simplicité. Alors moi, quoi faire sinon te demander Marie de vite les libérer de moi qui ne peux justement plus rien faire. Ensuite ils prendront le temps de comprendre que je n'étais ni un fils, ni un frère, que je n'avais pas à me suicider pour eux et que personne jamais plus ne se suicidera pour eux, que les seuls suicides restants sont chacun des mensonges qu'ils mettent en œuvre pour retarder le moment de regarder la réalité en face, une réalité toute simple : il faut laisser les morts enterrer les morts.

Portrait de la courtière. Rien, entre elle et moi, absolument rien, pas la moindre petite chose en seize mois n'a fonctionné comme elle avait dit que cela fonctionnerait. Ils appellent cela la «pensée positive». Vous essuyez un revers, vous vous dites aussitôt que ce qui viendra ensuite sera meilleur même si c'est le pire, systématiquement, qui arrivera et ne pourra qu'arriver. Il n'y a pas de pensée positive ou négative, il n'y a que la pensée, l'esprit. Quand je parlais d'inculture. La pensée toute nue et, ultimement, la grâce. Ton amour. Notre amour, le mien. Ne vous faites pas appeler docteurs. Ni écrivains. Ni courtiers.

Je ne sais pas quoi faire. Il y a là certainement de la peur. Il s'agit de mon grand pouvoir de concentration. C'est un pouvoir, un réel pouvoir. Les deux dernières fois où je m'en suis servi les résultats ont été fulgurants, qui ont suivi dans l'heure. C'était chaque fois pour mes histoires de maisons, d'abord l'été dernier, puis il y a quelques semaines. Je vais mentalement chercher des acheteurs. Mais cela aussitôt fait j'abandonne la partie. Je me sens manifestement coupable de quelque chose. D'abord il y a le côté, comment dire, profane de la chose qui m'écoeure un peu. Ensuite le sentiment a toujours perduré en moi que les effets de ma concentration, d'abord désirés, se retournaient ensuite contre moi. Comme s'ils m'éloignaient de moi-même, de mon âme. Comment christianiser le tout. Est-ce possible, désirable, souhaitable. On en revient toujours à l'histoire des lis des champs et des oiseaux. Et voilà bien en définitive le vrai terrain sur lequel je me bats depuis des mois : ou bien je vous laisse, toi, le Père, Marie, les anges, me conduire là où vous m'avez montré que vous vouliez me conduire, ou bien je prends les commandes. C'est tuant. Mais comme j'en ai assez de vivre seul je vous laisse faire. Que le Diable aille voir ailleurs si j'y suis. Qu'il aille lui-même se concentrer sur les pierres du désert, je sais, moi, qu'il pourra les changer en tout ce qu'il voudra sauf en pains.

11 h 40. Mon cœur. Mon cœur physique. J'ai changé ma méthode de concentration. Parlons d'abord de l'autre, la profane. Elle consistait, les yeux ouverts, à fixer un point devant soi ou, les yeux fermés, à rejeter toutes les images qui pouvaient se présenter à mon esprit, et cela, dans un cas comme dans l'autre, en envoyant chier tout le monde. Mais voici la nouvelle pratiquée ce matin pendant une heure. Ce n'est plus une affaire de tête mais de cœur. J'ai laissé mon cœur battre comme il le voulait. Puis, le plus naturellement du monde, les gens auxquels je pensais se sont mis à

y entrer, vivants. Je vois bien qu'il y a là une forme de représentation. Mais il y a autre chose. Il y a l'amour. Et le Diable a beau faire depuis que je suis revenu à mes occupations courantes, je sais que le résultat ne se fera pas plus attendre que lorsque je me concentrais de l'autre façon. Sauf que cette fois il sera durable et gratifiant pour tous y compris pour ma chère Claudette que j'ai par la même occasion donnée en pâture à ton amour puisque moi je n'en peux mais. (C'est éprouvant. Je me livre à moi-même mes secrets et je tombe aussitôt dans une grande tristesse. Mais c'est toujours le Diable. Il est ainsi, petit, médiocre, profiteur, jaloux, mesquin. En vérité je ne lui accorde aucune importance. Mais je ne suis pas pour autant assez naïf pour croire qu'il n'existe pas. Me rebrancher donc sur mon cœur, c'est-à-dire le tien, tout en sachant que ce n'est plus attendre que d'être ainsi mais bien déjà jouir des heureux effets de ta présence.)

Lundi 3 mai, 2 h 35. — Je me sens cette nuit au-dessous de tout. Et pris d'une irrésistible envie de rire qui, loin d'être folle, serait plutôt saine. Mais par où prendre tout ce que j'ai à dire. Intuition. Je relis d'abord ce que j'ai écrit hier midi et qui précède. Marc et Sylvie sont passés à la maison hier après-midi alors que Démon et moi dormions comme petit garçon et petit chien, comme des anges. Puis en début de soirée la courtière a téléphoné. Mais je lis et je me reviens.

2 h 50. Le mieux serait peut-être que je retourne me coucher, d'autant plus que Démon n'arrête pas de sauter autour de moi.

Claudette m'a tenu au téléphone pendant une bonne heure. La nouvelle combine est immense et de telle sorte que je me demande si la concentration par le cœur n'est pas pire que l'autre, celle par le point fixe ou l'évacuation mentale des chiants et chiantes. Jésus. Marie. Faudrait-il ajouter Joseph. Bref la courtière propose un échange de maisons qui me catapulterait dans les montagnes du côté de Notre-Dame-des-Laurentides, dans une maison mobile et en supposant que les choses se passent comme elle a dit, ce qui n'est jamais arrivé avec elle. Mais surtout. Il y a tant à noter. Ceci quand même, elle a manifestement renoncé à vendre à leur juste valeur ma maison et le terrain qu'à quelques centaines de pas d'ici Hélène et moi possédons. Traduction : ce que je vous ai vendu il y a un an ne valait pas ce que vous avez payé. C'est possible. Autre traduction : je ne sais pas ce que je fais, je ne sais pas ce que je vends, quelque chose comme allez-vous me foutre la paix. Mais non. Le voudrais-je que je ne le pourrais pas. Sainte misère. Car c'est une misère sainte que celle dans laquelle je me retrouve et qui fait que même ce que j'écris se situe à la limite du compréhensible. Il doit pourtant y avoir une solution, il y a des solutions pour tout et puisque, comme il a déjà été dit, rien de ce qui est humain ne nous est étranger.

9 h 40. Ce n'est plus possible. Je dois trouver le moyen d'échapper à tous les mensonges qu'on a échafaudés autour de moi. Mais il faut aussi que je découvre le mensonge qui, en moi, a rendu cela possible. C'est forcément un mensonge de petit garçon, je sais au moins cela. Alors, quel est-il.

Le téléphone ce matin, vers 7 h m'a-t-il semblé, j'ai alors ouvert la radio pour essayer péniblement de fixer l'heure à partir de ce qu'on y racontait, le téléphone donc a sonné une quinzaine de fois. Je n'ai pas trouvé le courage de me lever pour aller répondre à qui téléphonait. Nuit trop courte. Le coup trop blessant que la courtière m'a porté hier soir. Je vis un cauchemar. J'ai beaucoup demandé de l'aide pour m'en sortir. En vain. Le contraire, plutôt. On pourrait même dire que tous, l'un après l'autre, m'ont abandonné à mon sort. Sauf vous autres, les célestes.

Parlant de célestes. J'ai une montagne à déplacer. Il faut m'aider et dire : montagne, sors de cet homme.

Mon mensonge à moi-même. Je n'ai pas cessé de dire que je voulais la vérité cependant que j'éprouvais le besoin de me laisser mentir. Voilà la source, le nœud de mon cauchemar. J'ai voulu, désiré qu'on change la réalité pour moi, à ma place. Ne voulant pas, ne pouvant pas, même, le faire moi-même, puisque j'écris. Je suis, quand j'écris, vrai. Je ne peux pas, quand j'écris, ne pas être vrai. Mais ici, mais dans mon journal. Autrement, je fabrique du mensonge, de la diablerie moi aussi. Et c'est sans doute pourquoi j'ai renoncé à écrire ma lettre. Il m'aurait fallu me mettre à tricher moi aussi. Entrer dans leur jeu.

Mon journal, même si j'y boite comme l'albatros de Baudelaire depuis un an et demi, mon journal, ici-bas, reste ma seule voie de salut (et, bien sûr, l'amour que Démon et moi nous portons, tu as dit : là où vous êtes deux je suis, nous sommes deux). La courtière hier soir. La veille ou l'avant-veille – elle a dit la veille, la veille était samedi, je suis sûr que c'était l'avant-veille vendredi, mais les gens qui prennent des pilules pour se droguer même l'imperturbable écoulement du temps sont ainsi, ils trichent tout – l'avant-veille la courtière a donc parlé à [A] le gérant de la [banque] qui se serait paraît-il informé de moi, voulant savoir avec qui je vivais plus précisément, et aurait du même souffle décrété que j'étais un homme renfermé. Bien sûr. Qui d'ailleurs ne fermerait pas sa porte à qui travaille à le dépouiller de tout.

Mon journal et tout ce que j'ai écrit avant, depuis ma plus tendre enfance. Mon journal où tu as, toi, toujours été.

Et voilà que le fou rire de la nuit dernière me reprend. Comment ne pas rire. Je l'ai déjà noté, je le renote : je suis un homme de joie. Et comme tous les prostitués je ne désire qu'une chose, la paix.

Démon, quand je lui donne un biscuit en forme d'os, n'a de cesse pendant une heure, parfois deux, de le cacher et de le découvrir et, le découvrant, de faire des sauts de chien surpris d'avoir déniché par lui-même un os. C'est tellement beau à voir et plus humain que toute la chiennerie qui m'entoure en ce moment.

J'ai le fou rire d'une part. Et, d'autre part, je me dis que tout est fini, que tout ce que je touche est échec. Je ne vois même en réalité personne qui pourrait venir nous ramasser, Démon et moi. Même les anges, depuis Pâques, ne se sont pas montrés. Je ne peux plus prier pour moi si j'ai jamais su le faire. Mais je t'aime, par exemple. Je t'aime comme tu m'aimes.

VII

Où étais-je, où suis-je.

C'était il y a trois semaines, un dimanche, le soir. C'est maintenant.

Il n'y avait rien.

Que mes yeux paisiblement fermés et mes genoux posés sur le plancher.

Mais je me sens si petit, si enfant maintenant que je me mets à en écrire.

Car enfin qu'y a-t-il à raconter, à décrire. Et qu'y aura-t-il à comprendre au bout du compte.

J'espérais, naïf, qu'on me dirait.

J'aime les choses dites, nommées. Simplement.

*

En temps réel (comme on dit) : une fraction de seconde, quelques secondes. Peut-être une minute ou deux. Je ne sais pas, dès cet instant je n'ai plus rien su.

Mes prières sont courtes quoique fréquentes. Elles sont comme ce que j'écris, du mot à mot. Comme si je craignais, comme si j'avais peur qu'emporté par leur rythme on ne vienne soudainement m'en arracher.

Alors je jouis par saccades, vitement.

Quand je dis que je ne suis qu'un enfant. Il court. Il s'arrête. Il oublie. Il repart. Toujours là et toujours ailleurs.

Je n'ai pas encore mangé. Depuis l'aube le ciel se barbouille. Il va pleuvoir. Il fait froid.

J'écris dérangé. Démon n'arrête pas de solliciter caresses et attention. Il a mangé, lui. Il veut jouer.

Vais-je faire comme je fais depuis des mois, écrire quelques lignes, quelques pages, puis oublier qu'il reste à écrire.

Le voilà en train de me lécher les pieds nus. Il se rend. Ou il s'y prend par la douceur pour me détourner de mon cahier. Les chiens ont-ils une âme. Mais oui. Il n'y a que nous pour en douter.

*

Je me sens, comment dire, si fragile. Et femme. Non pas femelle mais femme, les femelles ont des tours dans leur sac, moi je n'en ai pas.

C'est dur. J'ai chaud. C'est comme si je risquais de ne pas être à la hauteur de ce que j'ai à noter. Et pourtant.

La chaleur est dans mon crâne, au niveau du front.

Allons, Jean-Pierre, du calme. Tu écris et l'harmonie, aussitôt, sera là.

Oui, mais.

Ne discute pas.

Je ne discute pas, je suis ému.

Je l'ai dit à Sylvain puis à Michel. Entre autres choses je me suis senti comme en enfance.

Femme et enfant. Je ne suis pas sorti du bois.

La croix était en bois.

Tu vois, je tremble de tout mon corps. Je n'y arriverai pas. Les doigts qui tiennent le stylo me font mal. Et le reste. Tout me fait mal, ce qui est et ce qui n'est pas.

Continue, poursuis, et tout te fera du bien.

*

La croix était en bois et si grande et si belle dans sa sobriété.

Une vraie croix, une croix à une traverse.

Grande comme. Les mots, sûrement, existent, mais ils ne sont pas faciles à trouver, ils ne vont pas de soi. Grande comme le monde, cela se dit-il, cela veut-il dire quelque chose. Peut-être. Si on regarde comme les enfants regardent.

(Je ne suis pas dupe. Tous mes efforts, en ce moment, consistent à empêcher mon stylo de s'emballer.)

Très grande, plus grande que nature en tout cas, immensément plus grande, comme le soleil pouvant être vue de partout, où qu'on se trouve. Voilà.

*

En ce moment j'aimerais être en train de marcher dans les rues de Québec. Seul. Là où habitent Michel, Marianne, Sylvain. Les rues Cartier, Crémazie, Bourlamaque. La Grande-Allée. Il fait si gris, si doux.

Mais j'ai encore à écrire, je sais, aujourd'hui même, ce matin des matins en ce qui me concerne.

Je ne connais pas le bois. À peine si je peux reconnaître ou nommer quelques espèces d'arbres. Disons que la couleur de celui-là tirait davantage sur le gris-bleu que sur le brun chose. Comme s'il avait été poncé par les pluies de tous les siècles.

J'enlumine. Il faisait pénombre. (D'abord j'ai dit : brunante, crépuscule. Ce pourrait être : aube. Je ne le saurai jamais.)

J'aimerais qu'il se fût agi de bois de cèdre. Le cèdre sent bon. Comme tous les conifères.

Ne suis-je pas en train de faire œuvre de commérage, comme on a dit si souvent. Si, bien sûr.

Une croix de la hauteur d'un building, avais-je dit à Sylvain. Quand les mots manquent. Non, c'est comme j'ai écrit ci-dessus : qui peut être vu de partout. Et pareillement du grain du bois.

(Tout ce que j'ai vu. Michel a demandé si c'était les yeux fermés ou ouverts. Moi : les deux, tantôt ouverts, tantôt fermés. Et j'ai ajouté : quand ils sont fermés c'est comme si je voyais à travers mes paupières. Mais qu'en puis-je savoir, vraiment.)

Du calme. Il n'y a pas tout à dire en même temps.

Grande, la croix. Grande et élancée. Deux pièces de bois très longues et taillées carrées.

Jamais rien vu de tel. Où aurait-on trouvé de si grands arbres. Et qui aurait pu mettre pareille croix en terre.

Questionneur.

Il paraît que le cèdre est un bois qui ne pourrit pas.

Il n'avait pas l'air de brûler non plus malgré.

Parmi les deux ou trois choses que je ne sais pas, que je ne ressens pas : qu'est-ce que l'immortalité.

Qu'est-ce que mourir.

Il pleut.

Pierre la semaine dernière : l'amour, c'est les gouttes de pluie qui tombent dans l'herbe.

J'aurais aimé qu'il pleuve alors. Mais le ciel n'était pas gris comme il l'est ce matin. Il était blanc.

Blanc comme sous l'éclair dans la nuit. Un éclair prolongé cependant. (Il n'y a pas eu d'éclair. Il n'y avait rien que mes yeux fermés. Puis toutes ces choses furent là. À la fois en moi et hors moi. Sans moi, en vérité. Je gardais mes yeux pour voir et mon corps pour accueillir. En même temps je n'étais plus rien.)

Marc-André l'autre soir à propos des écrits des grands mystiques, lui : ça tartine longtemps. Et ses mains qui, en même temps qu'il disait cela, tartinaient l'espace autour de lui.

Et me voici tartinant à mon tour.

D'ailleurs comment ne pas tartiner quand les profanants eux-mêmes, autour de vous, tartinent à longueur de journée.

Ni aube, ni crépuscule, peut-être. Après tout le sperme lui-même est blanc, et la sève dans les plantes et arbres. Oui, c'était peut-être une blancheur de cet ordre, moins fécondante que jouissive. (Je continue et je fais vomir les dégustateurs de tartines car enfin les lactances ont, elles aussi, de la saveur.)

*

Il n'y avait pas que l'enfance. Il y avait surtout, il y a encore une sorte de nostalgie et pourtant il ne s'agit pas de nostalgie. Les mots. Les mots ne disent pas tout, ne peuvent pas tout dire.

Alors qu'était-ce, qu'est-ce.

Je ne le sais pas.

Je priais, j'ai vu, je n'ai plus prié.

Je prie, je ne vois plus.

Ce qui me fait penser, croire, que ces choses, d'elles-mêmes, ont pris forme devant moi.

Et je me sens bien petit pour en parler. Moins qu'enfant. Moins que chien. Moins que pauvre. Moins que rien.

Et pourtant j'en parle, j'en écris, j'en écrirai.

Il y a un autre mot. Abandon. À la fois abandonnant et abandonné. C'est peut-être ce qu'il y a de plus juste à exprimer.

Et je tournais, tournais. Un instant j'ai cru que tout mon être allait s'effilocher en nuées cosmiques. Je n'ai pas eu peur. J'ai quand même essayé de résister. Je ne suis qu'un homme.

*

Il y a plein d'arbustes, de buissons derrière la maison. Ils ne sont pas ardents mais mouillés. Comme avant, pendant et après l'amour. J'irais m'y réfugier.

Tout est si vert en ce moment, nouvellement vert.

Ma prière est toujours la même : «Père, fais connaître à tous qui tu es, fais venir ton règne, donne-nous le pain dont nous avons besoin pour chaque jour, pardonne-nous nos péchés car nous-mêmes nous pardonnons à tous ceux qui ont des torts envers nous, et ne nous conduis pas dans la tentation.»

Pardonner, aimer.

C'est quand même étrange. On a gueulé planétairement contre les prêtres qui officiaient dos à la foule et on ne dit rien contre ceux qui sont rivés à leur clavier et à leur écran cathodique.

Mais comment ne pas prier les yeux fermés. Pour voir.

La croix était à droite, en perspective.

Depuis hier j'ai acquis la conviction intime, profonde, puissante, que son bois ne pouvait être que de cèdre. Et tant pis pour les malins qui voudraient discuter.

Ne pas prier rend fou.

*

Le ciel était-il vraiment blanc. En tout cas le sol était noir ou plus exactement sombre, comme tout ce qui se présente à contre-jour.

Dans l'obscurité. Et pourtant il y avait, là aussi, les perspectives, de l'espace où aller et se mouvoir, d'où revenir, où retourner.

Tableau, image, aucune surface ne pourrait épuiser les dimensions du va-et-vient là-dedans et de telle sorte que pivotant moi-même dans le sens des aiguilles des antiques montres et horloges les choses se trouvaient elles aussi emportées tout en gardant leur place, la croix à droite et le reste comme je l'écrirai le moment venu. (C'est ainsi, je dirais tout d'un coup, il n'y aurait plus rien à écrire.)

*

Qu'est-ce qu'une croix. Qu'est-ce que la croix.

À quoi cela sert-il.

Ce n'est pas une échelle, elle n'est pas appuyée contre un mur.

Ce n'est pas un arbre, ce bois-là n'a ni racines, ni feuilles, ni écorce.

Ce n'est pas un levier, sinon pourquoi les bras. Quoique.

Ce serait donc un décalque. Une caricature. Une contrefaçon de l'homme lui-même. Une invention des esprits tordus.

Un gibet, une potence. Une affaire à supplice. Pour qui est venu non pas juger mais sauver. Mais, évidemment, si un en train de se noyer ne veut pas être dénoyé.

Et qu'est-ce que croire sinon se laisser aimer.

Croire. Mettre soi-même les bras en croix. En tout cas les tendre, non pas pour prendre mais pour être pris. Moi et mon chien : l'adoptant est toujours l'adopté, le choisissant le choisi. Et le serviteur, le servi. On n'en sort pas, l'amour est ainsi, total, absolu, infini. Jusqu'à la fin des siècles, autant dire à jamais.

Ma prière. La sienne, plutôt. D'abord il a dit qu'il n'y avait pas vraiment à demander puisqu'il savait mieux que nous ce dont nous avions besoin. Ensuite il a dit : si vous priez dites comme je dis.

Pareillement la croix est la croix, c'est-à-dire qu'elle est la sienne. Aussi le soir où je me suis vu devant elle (ou lorsqu'elle s'est mise devant moi), ce n'est pas moi qui priais mais lui.

Je pense qu'il prie tout le temps.

C'était le soir, plutôt en début de soirée qu'à la fin. La nuit venait. Il me semble qu'elle n'était pas encore tout à fait venue. Et c'est pourquoi, sans doute, l'impression de crépuscule persiste. Mais le store de la chambre, certainement, était fermé.

Un dimanche. Encore une chose à lui. Parfois on dirait que tout est à lui.

On a moins le choix de lui donner ce qu'on croit nous appartenir que de reprendre ce qu'il nous avait donné à lui offrir.

Vraiment, la croix était la sienne. Réelle comme tout ce qui est réel. Existant sans moi, en dehors de moi.

On se dit : assurément il y a un autre monde. Sans trop nous rendre compte que le seul autre monde, c'est nous. Et voilà peut-être pourquoi, depuis que je suis tout petit, je me sens étranger dans ma propre vie. C'est moi, la représentation. J'existe sans exister. Je ne suis rien. Mais ce soir-là, oui, je fus quelqu'un.

J'écrirais ainsi jusqu'à la fin du monde et des temps.

À travers moi il priait son Père. J'ai vu la croix. Quant à l'Esprit. Plus tard.

Ce matin, le troisième de ma relation, le soleil va un peu et les nuages viennent beaucoup.

Un os. Aime-t-il ou non les tartines. Car dorénavant, n'est-ce pas, de quoi serai-je capable d'autre.

Je m'adresse aux deux Thérèse.

Tartinons, mes sœurs, tartinons.

Eh oui.

Et moi qui me voyais écrivant jusqu'à la fin de mes jours sur les petites choses de la vie courante.

Je ne suis pas gâté du tout. Je ne l'ai jamais été. Je le serais, je n'aurais qu'à bouffer les tartines qui passent.

Et puis, si on regarde les choses rétrospectivement, est-ce que je n'ai pas moi-même déjà tartiné autant que les plus grands tartineurs, l'édition des œuvres complètes de Thérèse d'Avila par exemple que je possède ne comportant que 1 598 petites pages.

Mon journal comme une cathédrale. Et j'arrive à peine au maître-autel.

Et je ne crois pas avoir encore beaucoup levé les yeux vers le ciel.

Écrirais-je davantage qu'il ne prie.

*

Il y avait aussi la montagne. Une colline, un mont plutôt. Et la croix était dessus, bien prise, bien plantée en lui.

On dira ce qu'on voudra il y a de l'érotisme dans la vraie vie, s'il n'y en a pas dans la nôtre.

Bonaventure : la croix est un arbre de beauté. (Il n'a pas dit grand-chose ce jour-là. Les tartineurs sont ainsi.)

La beauté, je la préfère assise sur ses genoux par Rimbaud et injuriée par lui.

Dante : sur cette croix le Christ resplendissait tant que je ne sais trouver d'image pour le représenter. (C'est tartinable comme on dit adorable, c'est quand même de l'inflation verbale.)

L'ego des mystiques. Je dirais aux artistes que je connais qu'ils ne sont à ce chapitre comme en bien d'autres que des minables. Des ratés.

Une croix est une croix et une montagne, une montagne.

Mon pitou n'arrête pas de faire du poil. J'ai hâte que le nouveau poil soit arrivé.

Il prie avec moi. Dès que je me mets à genoux il va se coucher sur le lit sous la petite croix de bois que m'a donnée Sylvain et que le chien, dans les heures qui ont suivi, avait en mon absence aussitôt admirablement rongée, les quatre bouts et l'un des bras du Seigneur au centre. (Sylvain a prié contre cela le Vendredi saint de cette année à 15 h.) (Sylvain étudie pour le compte des Dominicains dans le monastère qu'il y a sur Grande-Allée à Québec. Je soupçonne Michel d'avoir un instant essayé d'imaginer que je pourrais en faire autant. Il y a des cuisines partout. J'aurais une petite chambre avec un lit, une chaise et une table. Mais quel Dominicain voudrait payer mes comptes à moi.)

*

Comment arrive-t-on à la croix, ou plus exactement à la montagne sur laquelle il y a la croix.

Manifestement il n'y a pas de chemin. Plus précisément : en dehors de tous les chemins.

(La croix, comme j'ai ressenti la chose, j'ai dit à Sylvain que c'était une question de grâce. Il a répondu que le mot «grâce» n'avait guère bonne presse de nos jours. J'ai rétorqué que ce n'était pas le mot qui agaçait les gens mais la chose. Et puis. Quand on lit tout ce qui a été écrit depuis vingt siècles, on comprend très bien ce que le mot signifie. Petite nature.)

La seule voie : l'abandon.

L'abandon sans condition aucune, s'il est nécessaire de préciser.

Quand je dis «Père», ce n'est pas moi qui dis «Père», c'est lui. Comme ce n'est pas moi qui demande le pain et le pardon. On ne va pas jusque-là et on n'abandonne rien du tout.

Je serais un pitou, il n'y aurait pas à tant écrire.

En passant : honte à ceux qui se mettent sur la croix à sa place. De toute façon il en est lui-même très vite descendu.

Le bois, donc. Rien que le bois. Tout le bois.

Je tremble. On ne peut pas abandonner sans trembler. Mais, quand c'est fait, on ne tremble plus. Et je sais que je n'ai même plus à raconter pourquoi je tremble, cela aussi, cela surtout faisant aussi partie de l'abandon.

Père. Point.

*

Je viens de prier un peu. Selon mon habitude je ne prie toujours qu'un peu.

Démon, cette fois, couché sur mes mollets.

Puis.

Puis j'ai commencé à entendre quelque chose dans mon oreille droite. C'est physiologique. On aurait dit une pierre qu'on essayait d'enlever à l'entrée mais qui y revenait toujours en roulant, d'elle-même ou poussée, je ne sais trop.

Quelques instants j'ai entendu ma voix. Quelques autres instants j'ai entendu qu'il essayait de se glisser quelque chose dans le son, dans le bruit de cette voix mienne.

C'est tout. Mais c'est tout de même quelque chose que je ne connaissais pas.

Je n'ai pas peur. Je suis certainement, cependant, étonné.

(Je m'y étais préparé. La description de ma perception de l'autre jour et de maintenant tout aussi bien ne se terminera pas sans d'autres phénomènes du genre. On ne prie jamais en vain. On ne prie jamais dans le vide. La prière est la chose la plus concrète du monde pour ne pas dire la seule.)

Il s'est remis à pleuvoir.

Tantôt Michel au téléphone m'a dit que Sylvain, il y a quelques jours, lui avait laissé entendre que nous ne nous reverrions plus. Moi : je suis sûr du contraire. Et peut-être même est-ce lui, Sylvain, qui demandera à me revoir. Dire à l'avance pourquoi, toutefois, dépasse mon entendement.

La montagne plus que tout le reste, peut-être, a mis de l'enfance dans mon cœur.

Elle était toute dans l'obscurité. Mais qu'est-ce que l'obscurité quand on circule dans sa propre maison. Rien de plus doux, rien de plus connu, rien de plus clair.

Il y a le mot «Golgotha» qui trotte dans mon crâne. Cela me fait bien des misères. La croix est la croix. Alors pourquoi la montagne serait-elle le Golgotha. Laissons passer mes amis les anges.

(Démon n'est pas un ange. C'est un chien. C'est important, les chiens ont un accès plus direct au Père que les anges. Après tout ce sont les pitous qui mangent les graines. C'est écrit.)

(Moi et mes chiens, Cthulhu, Démon. Alors qu'il y a tant de souffrants de par le monde. Eh bien. Eh bien, il y a aussi les joyeux, et si la souffrance n'est pas pour mener à la joie aussi bien ne pas souffrir.)

Il est si tôt, à peine 5 h, l'aube commencée vers 3 h 30.

Les anges, les premiers, sont venus. C'était il y a déjà six mois comme c'est peut-être maintenant. Ils montraient. Deux immenses colonnes montant et descendant devant le dodécaèdre. On dit qu'ils annoncent, qu'ils protègent.

Ils montraient.

Les heures passent, elles-mêmes tremblantes. Et douces.

Pierre a dit hier que la montagne était riche de toute la vie qu'il y a sur terre et que la croix était fécondante.

Golgotha comme calvaire signifient lieu du crâne.

On pense cerveau. Le mien résiste.

L'amour est le seul savoir.

Il ne vient pas avant, pendant ou après. Il est.

La voie par laquelle le tout se précipite dans la partie et inversement, la partie dans le tout.

Il n'y a plus qu'à me laisser conduire par la main.

(Le rituel de Démon. Il demande à manger. Mais, servi, le voilà chaque fois allant et venant dans la maison, parfois une heure durant, brassant avec sa gueule et en grognant un gros os de cuir. Je crois comprendre. Dans les montagnes et dans le froid, durant l'hiver, il se sera battu avec un animal sauvage pour subsister. Ainsi chacun de ses repas est-il précédé du rappel de cette lutte.)

Quelques jours sans rien écrire. Qu'importe. J'ai prié. Le Pater toujours et qui est la seule prière dont je sois, comment dire, sûr qu'elle n'est pas de moi. Quelle joie, immense, infinie et toute simple en ce qu'elle me refait petit garçon.

Là-bas, au fond du ciel. Qu'était-ce.

C'était le soleil et ce n'était pas lui.

Puis, autour, des cercles, une concentration grandiose d'anges tournant les uns vers la gauche, les autres vers la droite en des mouvements d'une harmonie impeccable.

C'était hier, ce n'était pas l'autre jour.

Je parle de ce qui s'est montré à mon esprit hier.

Ensuite les cercles d'anges, les lignes d'anges devrais-je dire, ont commencé à grandir en largeur et en profondeur formant une sorte de coupole pour mon regard. Enfin dans le centre bleu nuit de ce nouveau mouvement se sont posés pyramide et lion, formes diaphanes aux contours très linéaires et lumineux, en légère rotation sur eux-mêmes et comme procédant l'un de l'autre.

Et ce matin je me sens bien petit pour écrire tout cela.

*

Ce matin je passe par tous les doutes.

Que suis-je en train de faire de moi pour ne pas dire : qu'est-on en train de faire de moi.

L'histoire est pourtant simple. Voilà huit mois que tout ce que je connais m'est retiré et que tout ce que je ne connais pas m'est donné.

Mais, ce qui m'éprouve le plus, c'est de ne pas trouver le chemin qui me ferait comprendre comment on passe d'un monde à l'autre.

Ce qu'on me retire était une connaissance horizontale du monde. Ce qu'on me donne en est une saisie verticale. Je n'ai pas peur. Mais je suis troublé.

Je ne sais plus marcher, avancer, qu'à genoux.

Et puis non, je sais quel est le chemin. J'aime. Je crois. Je suis aimé.

Oui. Mais que viennent là-dedans faire les anges et autres architectures qu'il faut bien nommer célestes.

On dirait que mon esprit ne peut plus me servir de rien.

Et je sais, moi, que je n'avance pas dans des symboles mais dans la réalité réelle. Que je m'élève, plutôt. Mieux : qu'on m'enlève.

Je suis de moins en moins qui je suis et je suis de plus en plus qui je ne suis pas.

Je me voyais devenir mendiant et voilà qu'on semble me projeter au cœur même de la Providence.

Ma pauvre raison.

Je le note simplement, rien, en moi, ne me prédisposait à voir derrière les choses, là où les mots, dirait-on, ne sont plus que l'ombre d'eux-mêmes. Ou lumière. Je ne sais plus. Je ne sais pas.

*

Peut-être, dans la montagne, y a-t-il une source. Et que la Dame, à moi aussi, pourrait me dire à quel endroit prendre terre et herbes et les porter à mes lèvres.

Mais il y avait l'obscurité. L'obscurité non pas pour obscurcir mais pour rendre plus visible ce qu'il y avait à voir.

La montagne et l'obscurité. Le sentiment certain de mon enfance non pas à revoir ou à revivre mais à donner, avec le reste.

Tout donner pour que, le moment venu, tout nous soit redonné. Il n'y a pas d'autre voie.

Car, n'est-ce pas, il n'y a rien d'obscur à se mettre à genoux et à prier.

C'est amoureux.

Mon Dieu, je me sens si mélancolique à l'heure qu'il est. Et privé de cela même qui est. C'est le doux temps gris après la grande joie ensoleillée d'hier. C'est dimanche et la tentation de ne pas aller vers demain lundi et les peines qui m'attendent parce que je les attends et qui ne m'attendraient pas si je ne les attendais pas. Alors, il y aurait une source et la Dame et il n'y aurait plus ces peines.

Rien que la croix.

Belle. Resplendissante. Souveraine.

La croix comme un père nous prenant par la main.

La croix qui dit tout, qui ramasse tout, même le temps. Demain. Qu'est-ce, demain. Rien.

*

Après-midi légèrement pluvieux.

Je ne sais pas comment dire ce que j'ai à dire.

Je mourrais volontiers. Comme si je ne voyais plus du tout ce que je pourrais encore bien faire d'utile dans cette vie.

Il y a Démon. Mais il trouverait quelqu'un pour s'occuper de lui comme il m'a déjà trouvé.

Il y a Pierre. Mais Pierre vit déjà d'une autre vie à laquelle je ne comprends rien ou presque.

Il y a Michel. Mais Michel ne songe plus qu'à retourner vivre dans la Beauce.

Et tant d'autres et personne en même temps.

(Pierre vient de téléphoner. Il n'avait rien à dire. Et je n'avais rien à lui dire non plus.)

Mourir. Partir comme passe une brise légère.

Je ne demande pas grand-chose. Un petit coin d'où je pourrais apercevoir tous les mille siècles Cthulhu et Démon.

Je ne demande rien. Qui suis-je pour demander quoi que ce soit. Même apprendre à recevoir, comme j'ai fait depuis ce matin.

Les anges. C'est bien beau les voir. Mais qui sont-ils.

J'ai toujours ma raison.

Pour les choses simples. Manger quand on sent la faim. Caresser le chien quand il demande à l'être. Pour le reste.

Je ne sais plus rien faire.

Je ne sais même plus écrire.

À peine prier.

VIII

Château-Richer, mardi, le 30 août 1994. — Je commence mon analyse. J'en ai pris la résolution il y a quelques heures, en fin d'après-midi, en lisant le livre de Robert Bloch intitulé *Lori.* Un peu plus tôt j'étais allé marcher au bord du fleuve avec mon chien Démon. Je lui parle souvent. Au retour je lui ai dit de faire comme si c'était la dernière fois que nous nous promenions à cet endroit. Pourquoi pas. Pourquoi n'écrirais-je pas dès demain d'un autre lieu. Tel est depuis un bon moment mon désir : partir, m'en aller d'ici. Il s'agit d'une fuite. Je n'ai pas où aller, je ne sais pas où aller. Mais nous devons nous en aller. Et je suis sûr que c'est le message que me livrent chaque jour depuis dix jours les abeilles qui infestent par centaines l'appartement et que je suis contraint de tuer pour ne pas que la peur que je pourrais avoir d'elles l'emporte sur le bon sens. Meurtres sacrificiels s'il en est. J'en suis profondément désolé, moi-même meurtri. Moi qui mange de leur miel chaque jour. Mais enfin j'ai demandé samedi aux propriétaires de la maison, les [E], d'y voir, et ils n'ont rien fait. Ce sont des gens qui n'écoutent de toute façon personne d'autre qu'eux-mêmes. Je le note sans animosité et puisque le problème de mon envie de partir se situe d'abord en moi.

Jusqu'à 15 h aujourd'hui j'étais resté sans rien manger ni boire depuis vingt-quatre heures, fumant cependant. Je me sentais bien. Je n'avais pas faim. Puis, après avoir mangé, tous mes malaises sont revenus. Je me désole. Je pourrais au moins, poursuivant ces jeûnes de quelques repas, me donner des énergies nouvelles. Le moyen est efficace, absolument probant. Je vois même qu'au bout d'une journée de jeûne je m'arrêterais sans problème de fumer. Alors donc : pourquoi ne pas poursuivre ces jeûnes. J'ai dû en faire une quinzaine depuis un mois et demi. Ils ne sont pas perdus. De petites régénérations sont là, en moi, pour durer. Mais ce n'est pas suffisant. J'ai besoin d'une plus grande mer, d'un plus grand ciel.

Mercredi, le 31 août. — Je me rends déjà compte que cette analyse, écrite, ne sera qu'une partie de mon analyse. Ainsi hier soir avant de me coucher et comme je le fais souvent je me suis assez longuement parlé à moi-même à voix haute. Et il y a tout ce que je peux penser en lisant ou voir en rêvant. Qu'importe, écrire tient d'un autre ordre et d'un certain nombre de conventions que j'ai le goût de respecter.

Mon étonnement, ce matin, est grand. Il y a longtemps que je n'avais pas bienheureusement dormi six heures d'affilée. Je me suis en outre réveillé bandé, en plein rêve érotique où j'assistais-participais à la projection d'un film en noir et blanc plus ou moins pornographique. Mais le plus étonnant est certainement que je me retrouvais intégré à des couples hétérosexuels, ébats d'où la composante homosexuelle était manifestement absente et bien qu'ils aient culminé dans le dévoilement, par les participants, d'un phallus sculpté dans le marbre ou dans la pierre d'une hauteur d'environ un demi-mètre et d'une largeur proportionnée. Tout cela, dans ma vie onirique, est radicalement neuf, sans précédent.

Je sens que je dois faire un effort pour me rappeler ce que je me suis dit hier soir avant de m'endormir, mais je constate aussi que je n'ai pas tellement envie de le produire. Comme si je ne voulais pas donner l'explication du bon sommeil qui s'en est suivi et du non moins bon rêve qui m'en a sorti. La peur de la réalité, du terre à terre de la journée qui commence, du grand étouffement provoqué par la situation inextricable dans laquelle je me suis placé ces dernières années. Je vis un cauchemar. Mais justement, c'est exactement ce que je me suis dit hier soir assis en lotus dans mon lit et dans la noirceur, que ma fuite d'ici ne règlerait rien, que rien ne serait réglé tant que je ne me retournerais pas pour faire face à la situation, pour affronter ce qui me trouble et qui est en moi. Qu'était-ce donc. Blanc de mémoire total.

Blanc de mémoire, non pas. Évidence, plutôt. Comme dans «La lettre volée» d'Edgar Allan Poe. On cherche souvent, ainsi, ce qui nous crève les yeux. Bref, me suis-je ensuite dit, toujours hier soir : tu t'es déjà retourné pour faire face à tes problèmes et le moyen que tu as trouvé pour le faire est ton analyse écrite. Ce faisant ou disant, je me suis un instant retrouvé plus désespéré qu'autre chose. Pour la bonne raison que j'ai tout de suite compris que c'était mon travail d'écrivain ou d'écriture que je plaçais à la source de tous mes échecs depuis vingt ans. C'était désolant et atterrant tout ensemble, comme si on venait de donner à un escrimeur, pour le combat sur le point de débuter, une épée avec une lame naturellement recourbée, retournée contre lui.

Mais l'échec est manifeste. Tous mes livres publiés, treize au moins, loin de m'apporter les moyens de mener une vie sociale normale, n'ont eu pour effet que de m'enfoncer dans une marginalité et dans une dépendance aux antipodes de ce que je désirais. Et voilà que je me remets à écrire, et voilà que me plongeant dans cette analyse écrite j'espère de nouveau et contre tout bon sens que je me sortirai de mes problèmes par cela même qui m'y a conduit. C'est trop fou. Oui et non cependant. Oui, pour les raisons que je viens d'évoquer. Non, parce que mes livres, du moins quelques-uns d'entre eux, ne sont pas de la merde à mes yeux ni même à ceux de quelques autres. En eux, en effet, je me suis donné une stature, une personnalité qui n'ont rien à envier à personne. En eux, encore, j'ai résolu le problème de mes relations tordues, louvoyantes, à l'autorité et à tous ceux qui la représentent ou l'ont représentée, mon père par exemple.

Même jour, en soirée. — Je ne suis pas vaillant. Cet après-midi j'ai fait des excès d'alcool et de nourriture, scotch, frites et filet de sole. Depuis je me traîne. C'est trop fou. Je n'avais pas du tout besoin de m'étourdir ainsi. Aujourd'hui je n'ai pas tué d'abeilles. Le chien, cependant, en a bouffé une bonne dizaine. Les autres sont allées s'étourdir d'elles-mêmes je ne sais trop où. Les abeilles. Et les [E] qui n'ont encore rien fait pour nous en délivrer. L'impasse est totale. J'ai ma part de responsabilités dans cette affaire, ils ont aussi la leur. Au lieu de vendre ma maison, ils sont agents immobiliers, ils l'ont eux-mêmes achetée. Sauf qu'ils ne sont pas capables de me donner l'argent qu'ils me doivent. Ils n'en sont pas capables et ils ne le veulent pas, il y a un peu des deux. Quant à moi je me laisse faire, incapable de mon côté de réclamer mon dû.

Je reviens à mon père et à la discussion que j'avais avec moi-même à son sujet hier soir. Lui-même, dans les dernières années de sa vie et même si je vivais avec lui, je m'en foutais pas mal. Je sortais de l'adolescence et je jugeais naturellement d'un regard critique tous ses travers. Je ne le portais pas vraiment dans mon cœur sauf dans les moments, très rares, de plus en plus rares comme il vieillissait, où il se comportait en homme et non en esclave ou en bébé lui aussi. Puis je me suis demandé, puisqu'on dit des pères qu'ils sont l'autorité, à quel moment celui-là m'en avait livré une image affolante. Je me suis alors rappelé qu'un soir, enfant de cinq ou six ans, j'avais comme tous les enfants de cet âge demandé à coucher dans le lit de mes parents, probablement à l'occasion de l'une de leurs sorties. Ce qui fut fait. Or il n'y avait pas de toilettes à l'étage, l'envie d'uriner me prit et je pissai dans un verre que je poussai sous la commode à côté du lit et dont j'oubliai évidemment aussitôt l'existence. Sauf que le lendemain ou dans les jours qui suivirent ma mère, faisant le ménage, renverse le verre sans se méprendre du tout sur son contenu. Et je me souviens très bien que l'incident donna lieu à une engueulade mémorable entre elle et mon père qu'elle accusa de s'être livré à cette saloperie et qui, Dieu sait pourquoi, finit par la prendre sur lui. Enfin, du souvenir de cette engueulade je suis passé à celui des autres, nombreuses tout au long de mon enfance et de mon adolescence et qui toutes avaient pour cible et victime (de mon point de vue) ma mère, des échanges verbaux extrêmement violents et dont je me rappelle deux causes principales, la première étant que mon père, qui était voyageur de commerce et qui revenait au bout de quelques jours à la maison sans vraiment prévenir, exigeait de ma mère qu'elle soit toujours présente au moment de son arrivée, et la seconde que mon père toujours, quand il était complètement saoul, finissait immanquablement par dire que ce qu'on lui donnait alors à manger n'avait aucun goût. Bref il n'est pas impossible que j'aie tout fait, par la suite, pour éviter de me trouver moi-même dans la situation, juste ou injuste peu importe, de me faire engueuler comme du poisson pourri, non par mon père lui-même que j'ai toujours vu comme un homme faible et contre lequel de toute façon ma mère me protégeait, mais par tous ceux qui, dans le cours de la vie, exercent le même rôle ou les mêmes fonctions. Ce n'est pas drôle. C'est triste. Mais c'est ainsi.

Je suis retourné au fleuve en fin d'après-midi. Le chien a gambadé, sauté dans les grandes herbes comme il ne l'avait pas fait depuis longtemps. Et je me suis dit que c'était peut-être son tour et sa façon à lui de faire ses adieux à ce lieu. Encore qu'il n'ait pas à s'enfuir, lui, comme je le ferais dès ce soir si j'en avais la moindre possibilité. On a beau dire, ce n'est pas facile de se retourner et de faire face à la musique. Surtout quand on n'a pas appris à le faire. J'en ai de nouveau mal au cœur rien que d'y penser. Aussi, est-il possible de revenir en arrière et de m'interposer entre mon père et ma mère pour qu'ils cessent de s'engueuler. Pauvres enfants. Et pauvres parents tout compte fait. Sauf que les enfants n'ont pas les moyens de se défendre, eux. Ils ne peuvent que s'enfuir. Aussi, j'ai si souvent écrit, instinctivement, que je n'étais qu'un enfant. Je commence peut-être à peine à comprendre pourquoi. Je cherche la paix, je ne veux que la paix, la sainte paix du bon Dieu.

Jeudi, le 1er septembre. — Quelle colère je sens en moi. Une colère rentrée, une colère frustrée, une colère furieuse, une colère colérique. Et je me rappelle que le sommeil de la nuit dernière n'a été rien d'autre qu'un brouillon de sommeil, l'une des pires choses qui puissent nous arriver en ce qui me concerne. Et de nouveau tout mon corps me semble déglingué, depuis la respiration jusqu'à l'estomac en passant par les articulations et les muscles.

La colère. Une envie certaine de tuer, le refus de discuter avec des gens qui ne sont pas capables de comprendre par eux-mêmes les choses les plus simples, par exemple qu'on ne laisse pas vivre un homme doux et son chien non moins doux des journées entières au milieu d'abeilles qui ne savent plus contre quelle vitre donner de la tête. Et j'ai beau me dire que la colère est un signe de faiblesse et d'impuissance, rien n'y fait, elle est là, elle me ronge, elle me brise, elle me disloque, elle m'écœure, et plus elle me fait de mal et plus je l'alimente.

Faire face. À quoi. À qui. À l'image de mon père colérique en moi. Mais encore. À mon moi, au moi de mon moi qui, enfant, a choisi la vie solitaire pour fuir les chicanes des autres. La vie solitaire et l'amour, en tout cas comme je le pouvais concevoir à l'époque, non pas un déchaînement des sens mais, au contraire, leur maîtrise. Qu'y ai-je gagné. D'écrire, à peu près rien d'autre.

Même jour, en soirée. — De quelque côté que je me tourne je ne vois que tristesse et noirceur. C'est moi. Et ce n'est pas moi. Au fil des ans, des décennies, j'ai appris à m'accommoder de tout, du peu, du presque rien. Mais là c'est comme si on me privait de cela même qui n'est rien. Ce n'est pas possible. Et pourtant si, c'est possible. Et me voilà même ne sachant plus quoi écrire, quel mot mettre sur le papier.

Peut-être en suis-je arrivé à me sentir coupable d'être qui je suis, d'avoir, très tôt, choisi la voie de l'amour plutôt que celle de la haine et de la guerre et puisque c'est bien là ce que proposent les mots, pensés ou écrits, non pas brandis vers les autres comme des armes. J'envie quand même les névrosés, les psychotiques, les durs. Et je déteste d'une détestation souveraine les psys et autres patentés ou diplômés, enfin tous les faiseurs de vie bien, convenable, normale. Mon père. De la guenille. Quelle merde. Dans quoi me suis-je embarqué. Mon analyse. D'un autre côté, je ne serais pas cloué ici, où serais-je. Voilà le plus terrible : je ne sais plus où aller. Si. Il y a quand même un endroit où j'irais. Dans un livre, dans la rédaction d'un livre qui me procurerait mon indépendance au lieu de m'enfoncer dans mon esclavage. L'art. Mais y a-t-il, du moins aujourd'hui, un autre art que celui qu'on pratique pour les bourgeois. C'est trop con. J'aurais dû savoir depuis le début que les bourgeois ne me laisseraient jamais vivre parmi eux.

Il n'y a nulle part où aller. Prendre les choses comme elles sont et à l'endroit où on se trouve.

IX

Château-Richer, mercredi 21 septembre 1994. — Il y a le fleuve derrière la maison, éclairé par la lune encore presque pleine. Point. Je n'ai pas le cœur, en tout cas ce soir, à en raconter davantage sur cet endroit. Et puis, pourquoi écrire que je n'ai pas le cœur à ceci ou à cela, qui, en commençant par moi, la chose pourrait-elle bien intéresser. Personne.

Jour zéro de l'an zéro. Et tant pis pour le chien lui-même, Démon, qui est allé se coucher sous le lit.

J'entends la musique qui vient de la pièce d'à côté, une sorte de country avant-gardiste, et je trouve qu'elle n'est rien. Comme moi. Comme la table sur laquelle j'écris et comme ce que j'écris. Rien et faux. Je traverse un espace faux et un temps faux. Rien de ce qui me vient en ce moment à l'esprit n'est moi. Quelque chose serait moi, je le saurais. Or je ne sais plus rien.

Je regarde ma cigarette. Comme je suis fatigué d'avoir, mes cigarettes, à me les rouler moi-même. Des fausses, comme le reste. Et ainsi du trafic, boulevard Sainte-Anne, que j'entends chuinter par la fenêtre entrouverte. Un faux trafic. Des camions qui vont et viennent, mais sans âme dirait-on. Dès lors où serait le plaisir de les mieux entendre, de les mieux écouter circuler. On se fait des idées sur tout. Jusqu'au jour où on se rend compte qu'il n'y a pas une idée qui vaille la peine d'être retenue.

Jeudi 22 septembre. — À travers les vitres des fenêtres le fort soleil des fins de matinée de l'automne commençant. Et Kitaro, *Silk Road II,* pour couvrir le vacarme du lave-vaisselle. Pour finir : le rien que j'ai à écrire, le même qu'hier soir. Il y a des silhouettes de chameaux guidées par une silhouette de Chinois sur la pochette du compact de Kitaro. C'est con.

Je me sens bien, tout à coup. C'est peut-être pour m'être dit et répété depuis une quinzaine d'heures que je vivais dans la fausseté. Une petite vérité sur une montagne d'ordures. J'ai d'ailleurs toujours trouvé que les gens des bidonvilles avaient un plus beau sourire que les pincés du complet-veston.

Kitaro et le lave-vaisselle. Le mélange des deux, après tout, n'est pas dénué d'intérêt. La ferraille et l'esprit. Le vrai monde et moi.

Vendredi 23 septembre. — C'était un assez gros cendrier rond en verre taillé, motif : des rosaces, avec un bord recourbé, faisant voûte vers l'intérieur. Je l'ai vidé de sa cendre et de ses mégots. Puis j'y ai mis l'eau bouillante dont je m'étais servi pour réchauffer ma tasse pour le café. Il s'est aussitôt fendu en trois morceaux. Il avait une quarantaine d'années. Je savais que c'était un bel objet même si je ne l'ai jamais aimé. Avec quelques fauteuils il était devenu l'un des plus vieux compagnons de ma vie. C'est curieux : en le voyant et en l'entendant se fendre sur le comptoir de la cuisine, je me suis senti libéré de quelque chose, peut-être d'une sorte d'obligation morale d'avoir à m'en servir même si je ne l'aimais pas, uniquement parce que sa beauté le commandait.

Le soleil, ce matin, ressemble à un soleil d'hiver. Il est presque blanc. Et blancs sont également les filaments de nuage au milieu desquels il continue de monter dans le ciel. À quoi il convient d'ajouter, pour compléter le paysage, le tableau, le gris métallique de l'eau du fleuve.

Quoi noter d'autre pour l'instant. Rien. Je n'ai, de toute façon, jamais rien à dire. Même parler des faussetés, des ordures dans lesquelles je m'étais enlisé, relèverait d'une fiction, d'une mise en situation futile, inutile, néantisante.

Samedi 24 septembre. — Journée objectivement automnale, mais aussi subjectivement. Et comme hier matin. Je marchais sur le bout de trottoir aménagé en parc au coin des rues De Salaberry et Lockwell à Québec. Au sol, des feuilles mortes et le gazon plus vert qu'en été en certains endroits, jaunissant en d'autres. Plus tard, déambulant rue Père-Marquette, ce sont surtout les odeurs de l'automne qui m'auront atteint, des odeurs d'asphalte, de ciment et de terre humide. Voilà, ces jours-ci, ce qui me sort des faussetés au milieu desquelles j'étais en train de suffoquer. Une autre façon de dire que je poursuis mon chemin de petit rien en petit rien. Sauf que ces petits riens sont de moi, en moi, par moi et pour moi.

Je serai définitivement fixé là-dessus dans quelques semaines : je sens que la ville, depuis un bon moment déjà, m'appelle. Cette sensation, ce sentiment sont-ils eux-mêmes vérité ou mensonge, c'est ce que je ne saurais dire encore que, d'instinct, j'y voie une vérité.

Quant au reste, c'est toujours sinon de plus en plus le rien du rien qui m'habite.

Dimanche 25 septembre. — Il n'y a pas, du côté du fleuve où je déshabite, d'érables ou de ces autres feuillus dont les feuilles, l'automne, se colorent. Tout, arbres, arbustes et buissons, reste vert. Ce matin : un vert mouillé.

Je ne sais pas quoi lire, quoi rêver, quoi manger. Le rien seul m'emporte, me fait bouger. Un instant, par la porte vitrée, j'ai regardé les feuilles de frêne tombées, collées sur le bardeau d'asphalte noir qui recouvre le toit du cabanon. Quelques-unes, quand même, tiraient sur le jaune.

Lundi 26 septembre. — Temps gris et lourd, d'une lourdeur plutôt chaude à cette époque-ci de l'année. Il a plus ou moins régulièrement plu depuis trois jours. Et durant tout ce temps j'ai regardé aller et venir les faussetés dans ma tête et autour de moi. Comment finissent donc les naufrages. Comment sort-on de la nuit obscure. À quel signe comprend-on que le soleil n'a pas cessé de luire au-dessus des nuages. Est-il vrai, comme disent les nouvel-âgeants, que la lumière et les ténèbres font toujours la paire. La conscience ne peut-elle se déployer que sur fond de subconscient et inversement. Et la simplicité, et l'amour, et le bon sens : où tout cela est-il passé.

Parfois, c'est le cas en ce moment, je suis fier de n'être rien. D'être resté fidèle au rien que je suis et aux petits riens que j'aime.

N'être rien. Ne rien voir devant soi. Ni derrière, d'ailleurs. L'enchaînement par le vide. Une touffe d'herbe au milieu du gravier. Rien ne bouge que la brise elle-même, une brise trop chaude pour remuer quoi que ce soit. Où suis-je. En quelle partie de mon corps me suis-je tapi. Nulle part. Je suis là, sans autre choix que d'y être. Le jour, la nuit : quelle différence.

Même matin. — Il pleuvait. La fenêtre donnait sur le sol, la terre, les pierres, le gazon. Je m'en approchais et, debout, de la poitrine jusqu'aux pieds dans le sous-sol, je restais de longues minutes la tête plus ou moins appuyée contre la moustiquaire. Autre nuit, autres ténèbres. Si on veut. Plus ou moins. Car je ressentais aussi un certain bonheur à me laisser pénétrer par le parfum des choses. Un parfum qui dure des siècles, dirait-on, plus tard.

Les mots, les choses et moi, moi qui ne suis pas toujours sûr d'être mot ou chose ou les deux à la fois. Ce n'est pas la ville qui m'appelle, c'est ce parfum, ce sont ces odeurs, des riens elles aussi, sauf qu'elles sont à moi, je les connais, nous sommes liés, aussi sûrement que le sont le ciel et la terre, le fleuve et les montagnes, l'asphalte et le ciment. Et l'herbe et les cailloux.

Démon, bien que servi, n'a pas mangé. Il attend que je mange pour manger. Je n'ai pas faim.

Mercredi 28 septembre. — Dehors tout est mouillé et l'air est chaud. Et j'imagine qu'aujourd'hui comme hier je vais avoir besoin de tout mon calme pour surmonter mon isolement, isolement que je déteste au moins autant que j'aime la solitude.

Quoi dire d'autre de moi. Je me sens tué. Un muret de pierres effritées dans un village désaffecté. Une fleur oubliée, ignorée par les vents d'automne. Un souvenir de rocaille où ne venait plus personne. Une histoire sans début mais aussi sans fin. Le temps échoué sur un rocher maintenant recouvert par la marée. Et si je n'avais jamais aimé la lune et les étoiles que pour ce que je n'aimais pas d'elles, leur éloignement stupide, leur métallisme d'église fermée, leur géométrie aussi têtue qu'un archétype.

Marcher. Ou plutôt : démarcher, défœtaliser et désadultérer. Droit sous le parapluie et, en même temps, dégingandé, adolescent convenu, animal guidé par son propre instinct, chien sans maître. Marcher là où le ciment et l'asphalte ne sont plus vus, sentis, considérés, rues et ruelles abandonnées à leur sort comme je le suis au mien, pour qui, elles et moi, le mot espoir sonne comme poire et le mot démarcher comme effilocher. Et sûrs, ainsi, de ne pas être télévisés.

Vendredi 30 septembre. – Il grisaille et bruine. L'air se rafraîchit. Le ciel, de plus en plus, ressemble à l'hiver commençant. Illusion. C'est beaucoup trop tôt, et le meilleur de l'automne est probablement encore à venir.

Hier, toute la journée, la lourde impression de n'avoir aucun contrôle sur mes sens, la vue, l'odorat, le goût, le toucher, l'ouïe. C'était mortel. Ce matin tout va beaucoup mieux. Il y a en particulier tout ce que je touche qui me communique des sensations plus qu'agréables. Par exemple je n'ai pas trouvé le courage, même en pensée, de gagner la ville. Je me boude. Je me sous-estime. Je suis tout à fait capable de satisfaire mon désir qui est de ne rien désirer.

Samedi 1er octobre. — Il fait très froid et il n'est pas sûr que, s'il pleuvait, la pluie ne se changerait pas aussitôt en neige. Je continue d'écouter Kitaro, *Silk Road II* toujours. On dirait un autre temps, un autre espace, une autre forme de vie. Les sons s'étirent, se prolongent, gagnent le lointain, infinis.

Le soleil qu'il fait ce matin, même filtré, même tamisé, ne m'est rien. Et pourtant je l'aime, je sais que je l'aime, sa lumière se répand dans la pièce comme celle des rêves, douce, baignante, apaisante, musique elle aussi, corps de mon corps et âme de mon âme.

Si je ferme les yeux je vois du sable. Un sable humide, d'un jaune sombre comme le sable est toujours après avoir été humidifié par la rosée. Tout petit je le regardais déjà comme s'il était, lui, le ciel, le commencement et la fin de tout ce qu'il y a à voir, à découvrir, à aimer. Il était mon ami. Il l'est resté.

Puis, à côté du sable, je vois aussi de l'herbe, de cette herbe que personne ne regarde ni même ne piétine. De la chevelure jamais coupée, jamais peignée, libre.

Lundi 3 octobre. — Rien. Rien que mon déplacement du sommeil à l'état de veille. Un autobus ne passe pas. Je n'y monte pas. Je ne me laisse pas bercer par le roulement de ses roues, de ses pneus sur l'asphalte. Je ne vais nulle part. Je ne croise aucun regard. Il n'y a pas d'arrêts.

Rien. À peine si je mesure le gouffre entre ce qui ne se passe pas en moi et les quelques mots que je mets sur le papier. Un peu de buée sur le verre de mes lunettes, la chaleur finissante du café.

Hier, la route qui va du village au rang Saint-Achillée, la traversée des couleurs de l'automne, montagne après montagne, cambuse après cambuse. En moi bougeait l'enfant que j'ai été. Il vivait. Et je me dis qu'ainsi, peut-être, vont les femmes enceintes. Vers la délivrance. Et pareillement celui qui écrit, moi. Transfert d'images d'un cerveau dans un autre cerveau, transfert de sensations d'un corps dans un autre corps ou objet.

X

Château-Richer, jeudi 1er décembre 1994. — Écrire à François. Lui demander de me trouver à Montréal un porte-cigarettes en métal comme il s'en fabriquait avant que je vienne au monde. Un peu comme celui que François s'est lui-même procuré il y a environ deux ans. Et lui préciser que j'aimerais que la chose soit sans dorure puisque je continue de ne pas aimer tout ce qui a la couleur de l'or.

Entendu la semaine dernière à la radio Jacques Fortin dire qu'Arlette Cousture, qu'il a lui-même éditée, n'avait aucun talent littéraire. Arlette qui est probablement parmi les écrivains québécois dont les livres se sont le plus vendus depuis dix ans. Le coup a certainement porté et je me suis un instant demandé si je ne devais pas écrire un mot à Arlette pour l'aider à s'en remettre. À quoi bon cependant. Ce qu'a dit Jacques est la vérité pure de tout artifice. Et je persiste à penser que toute vérité, à l'encontre de l'adage populaire, est bonne à dire. Le problème, en ce qui concerne Arlette, n'étant pas qu'elle écrive mal mais qu'elle n'écrive pas du tout. Une pitié. Et le nombre incalculable de petits enfants et de vieilles madames que ce charabia larmoyant aura détournés du plaisir de trouver en eux-mêmes les moyens de ne plus être anciens. On ne donne qu'aux riches, je n'ai donc pas lettré Arlette.

Dimanche 4 décembre. — Suzanne m'a confié hier soir au téléphone le secret, la recette du pâté de foie maternel. Il faut 450 grammes de lard salé sur lequel les bouchers auront laissé un peu de maigre. On prélève quelques lamelles pour garnir le fond du plat et pour recouvrir la pâtée, puis on hache très finement le reste quand on n'a pas, comme moi, un moulin à viande. On incorpore deux gros oignons écrasés eux aussi. À quoi on ajoute 175 ml de lait évaporé, deux œufs entiers, une tasse de semence en poudre et du poivre. Puis on fourre le tout à 150 °C pendant trois heures. On n'aura pas oublié, évidemment, le foie. Une portion de 450 grammes. Lui aussi finement tailladé, puis branlé (on ne doit pas avoir peur des mots quand on veut que les choses soient bonnes). Quelle sorte de foie enfin. Suzanne soutient qu'il s'agit de foie de porc. Or moi j'ai le souvenir que Marie-Anne, dans les quinze dernières années de sa vie, avait troqué le porc contre du poulet. Ou bien mélangeait-elle les foies, œcuménisme oblige. Quoi qu'il en soit cette mixture, cuite, est l'essence même de la divinité.

XI

Château-Richer, samedi 24 décembre 1994. — Temps bâtard, anormalement doux, comme si nous étions au début du printemps et non la veille de Noël. Ou bien l'anormal, le bâtard, est-ce moi. C'est possible sinon probable. Bâtard : qui est né hors mariage, qui n'est pas de race pure, qui tient de deux genres différents ou qui n'a pas de caractère nettement déterminé. Naturel, illégitime. Hybride, croisé.

Moi qui l'ai tant aimée, on dirait que la grisaille elle-même se détourne de la place que je lui avais donnée dans mon cœur.

Où me réfugier. Sous quel balcon, joue contre terre, me faire oublier. À jamais. N'étant passé que comme passent les nuages. Ne restant, une fois mes cendres dispersées, que la vague impression de ma parfaite inutilité. Mais ne serait-ce pas encore trop. Si. On n'est rien ou on est quelque chose. J'ai toujours penché pour le rien. Sans savoir pourquoi. Parce que les choses sont ainsi, qui ne méritent pas, elles non plus, qu'on s'y attarde.

Il ne vente pas. Il ne neige pas. Il n'y a pas de soleil. Il ne fait pas froid. À peine si un peu de neige glacée, ici et là, recouvre les herbes et les arbustes.

Je vis, depuis quelque temps, dans la torpeur. Dans une sorte de peur tordue, elle-même détournée de son essence. Adieu l'extase, adieu la jouissance, adieu la folie libératrice. Mon pauvre petit cerveau qu'on dit aussi être fait de matière grise. Un grain de sable y est entré. Il s'y sera perdu. L'effet, cependant, demeure. N'être rien pouvait toujours aller. Le savoir est une autre chose. Et l'écrire est sans doute une sorte de catastrophe.

Dans Noël, quand on inverse le mot, on trouve presque lion. Et massage du Christ dans le terme anglais Christmas. Auquel va ma préférence, je ne saurais le dire. Les lions, bientôt, n'existeront plus. Quant au Christ la légende, déjà, l'a bouffé. Reste le massage. Dernière ineptie radiophonique entendue la semaine dernière : il paraît que le mâle qui se masse les testicules libère la femelle qui est en lui. Quand j'étais jeune le même procédé avait pour but de faire durcir et monter la queue. Les temps changent.

Dimanche 25 décembre. — Un rêve fait peu avant mon réveil. Christian-Dominique et Linda sont de passage chez moi, sur invitation, en visite ou en voyage, je ne sais trop. C-D est à la fois un jeune homme et un enfant d'une douzaine d'années, Linda a son âge à elle, dans la vingtaine. Je me retrouve dans mon lit. C-D et Linda viennent m'y rejoindre. C-D et moi sommes nus, lui, enfant, moi, homme. C-D regarde son pénis qui est tout petit et demande pourquoi le mien est plus gros. Je lui parle de notre différence d'âge. Il touche alors les deux pénis qui se mettent à grossir selon leurs possibilités respectives. Puis C-D et Linda s'en vont, apparemment satisfaits de leur découverte et de mon explication.

Heureux couple. Mon chien Démon et moi avons passé la nuit de Noël seuls, sans niaiseries, sans rien. Même le téléphone, à ma grande surprise, n'a pas sonné. Un rêve que je caressais depuis ma plus tendre enfance. J'ai dû mentir à bien des gens pour en arriver là, pour avoir la sainte paix, mais je m'en fous. C'était cela ou l'hystérie que l'expression de mon désir n'aurait pas manqué de provoquer.

Lundi 26 décembre. — Des centaines de pensées m'agitent. Je ne suis pas un technocrate, je leur aurais déjà trouvé le commun dénominateur par lequel les abaisser, les neutraliser, les appauvrir. Des flèches, des dards, des aiguilles. Des pensées qui me font mal. Sauf qu'elles sont les miennes. Sans moi, elles ne seraient pas. Pour les résumer quand même : j'ai envie d'une vie beaucoup plus simple que celle que les circonstances m'imposent.

Une pomme est une pomme. Moi, on dirait que mon esprit est tout sauf lui-même. Et pourtant les mots que je mets sur le papier sont bien les miens, le choix que j'en fais est nettement le mien et mienne encore la phraséologie dont je les entoure. Quoi faire. Vers quel démon me tourner, vers quel autre plaisir ou vers quel ultime abandon. Enfin je me comprends. Un peu. Un tout petit peu.

Je vois dans le haut de la page les initiales C-D et la chose me fatigue. Ce n'est pas mon genre d'initialer les prénoms. C-D, Christian-Dominique. Et où donc est passé Jean qui normalement aurait dû se trouver là où était Linda. Rien que pour raconter cela il me faudrait des milliers de pages. C-D. Céder le passage. M'en tenir à ma vraie nature qui est de regarder, d'observer. Puis, les choses passées, me remettre à triturer le sable dans le creux de ma main.

Mardi 27 décembre. — Je ne sais pas trop quoi noter. Ma vie, ces jours-ci, se déroule surtout dans l'état de sommeil, dans des rêves oubliés aussitôt faits. Oubliés. Non, plutôt rangés dans la grande fresque de mon univers intérieur. Et voilà pourquoi je voudrais parfois ne jamais mourir, parce qu'il y a là quelque chose qui transcende tout, y compris l'espace et le temps.

Folie, allais-je écrire hier. Folie que de persister à dire quand, comme moi, on n'a rien à dire. Mais la folie est ailleurs, chez ceux qui ont, paraît-il, tout à dire mais qui ne savent ni parler, ni écrire. Il n'y a rien à dire. La vie n'est pas du théâtre, elle est elle-même.

Je m'étais recouché. Je me suis réveillé comme je rêvais que j'étais en train de me faire un sandwich. Or il n'y avait pas deux heures, en temps réel, que j'avais mangé. Question : d'où m'est donc venue cette faim. Dans mon sandwich rêvé il entrait du pain grillé, du fromage, de la laitue, un peu de viande, poulet ou jambon. Et je n'étais pas seul à vouloir manger, il y avait aussi Madeleine, Hélène et Marie-Josée je crois bien. Et le fromage, du cheddar, qu'on trouvait ici et là était un peu vieilli, desséché. Moi qui, en passant, déteste au moins autant le cheddar que le vin blanc. Mais peut-être, après tout, me suis-je réveillé pour ne pas avoir à manger cette horreur. C'est possible. Tout est possible. Et puis, il y a aussi les gens avec qui on ne veut plus manger. Madeleine m'avait, la semaine dernière, invité à réveillonner chez elle. J'ai menti que ce soir-là, la veille de Noël, j'allais chez des amis. La paix. J'ai besoin d'écrire et non d'entendre la bonne nouvelle, c'est-à-dire les engueulades ou les pleurnichages qui sont de mise à cette époque-ci de l'année.

Mercredi 28 décembre. — J'ai bien dormi mais c'est encore comme si je n'avais pas assez dormi. Trop rêvé, peut-être. Mais à quoi. Je ne me souviens de rien. Les rêves. J'aime quand je me vois m'y promener. Ah. Il en est un qui me revient. Il y a beaucoup de monde. L'atmosphère est presque nocturne, grise, brune et brunâtre. J'ai un rendez-vous. Pour me rendre où je dois aller il faut traverser une drôle de petite étendue d'eau bordée de quais, de bruit et de va-et-vient incessant. Ce bassin se traverse en chaloupe. Elle a un conducteur et nous y montons, un autre homme en complet-veston brun mais au col ouvert et moi. Nous quittons le quai. Mais voilà que le bruit et le brouhaha ambiants font presque verser l'embarcation, en tout cas l'autre passager finit-il par tomber à l'eau. Le conducteur de la chaloupe et moi gagnons néanmoins l'autre rive, un autre quai de bois. Nous gueulons au désordre qui nous accueille qu'un homme est en train de se noyer. Personne ne semble entendre. Alors la chaloupe nous ramène là où le complet-veston est tombé à l'eau. Rendu là, une voix et le brouhaha m'incitent fortement à me jeter moi-même à l'eau pour aller chercher l'énergumène qui s'y trouve. Je finis par m'exécuter. À ma plus ou moins grande surprise l'eau, brune, en tout cas très opaque, ne me vient guère qu'à mi-cuisses et tant et si bien que j'ai vite fait d'attraper le noyé par le tissu de son pantalon. Je le remonte à la surface et gueule de nouveau qu'on vienne nous aider. Tout le monde s'en fout encore que j'entende qu'on me dise de lui faire le bouche à bouche. De guerre lasse je finis par y consentir. Et dès la première manœuvre voilà le presque macchabée qui ouvre de grands yeux gris tendre et déjà reconnaissant. Puis un jet d'eau sort de sa bouche à lui. Nous recommençons une, deux, trois fois. Il est hors de danger et moi je me réveille. Et je me souviens m'être alors dit que le fait d'être allé sous l'eau en rêve correspondait à une pulsion de nature sexuelle. Quand la conscience nous embête.

Jeudi 29 décembre. — Pour la première fois en presque deux ans Démon a, presque toute la nuit, demandé quelque chose. Mais je ne sais pas quoi. Et il n'est pas malade. Je l'ai sorti plusieurs fois. Il a fureté un peu partout sous la mince couche de neige tombée hier. Cela m'a en tout cas rappelé que les animaux ont leur propre vie intérieure, que mon chien ne m'est pas inconditionnellement dévoué et que je ferais bien de mieux parler, en tous cas à lui, du rien qui est en moi.

J'ai donc mal dormi. Aussi, qu'avais-je besoin de surchauffer l'appartement. L'angoisse, la peur d'avoir froid contre mon gré. Et l'insoutenable vision, en dehors de ce que j'écris, d'être sans destin. Danger. Car je laisse alors les autres être à ma place, la plupart du temps pour le pire même si on prétend toujours que c'est pour mon bien. Danger. Oui et non. Il y a tant à écrire, il y a tant à faire. Ou bien quelque lumière est-elle sur le point de m'atteindre, venue du fond d'un avenir que je m'étais donné dans mon adolescence. Étonnant. Écrivant ces derniers mots je me suis mis à mieux respirer. Un bonheur.

Le jour n'est pas encore levé. Démon s'est manifestement calmé. Je retourne me coucher. Je vais rêver. Qui veut rêver et se déplacer en toute conscience dans ses rêves n'a qu'à se recoucher. Alors, oui, un autre monde prend forme, un monde tout à fait réel. Lovecraft l'avait parfaitement bien compris. Encore qu'il ne soit pas du tout nécessaire de bouffer de la crème glacée pour aller en soi. Ce qu'il faisait, lui.

Pour rêver, j'ai rêvé. Et pourquoi Gilles Racine tout à coup là-dedans. Et tant d'autres qui faisaient foule et ville, hôtel et maison, famille et discothèque, banlieue et centre-ville, colline et bungalow, gazon et sombreté d'intérieur, neige glacée, soleil et été hivernal. Bof. Après tout Racine m'offrait cognac et cigare, et je me promenais bien nu au milieu de mes frère et sœurs et de leurs enfants à la recherche de biscuits secs ou chocolatés, encore la bouffe, parfois vieux de plusieurs années et dont certains avaient été comme cachés, jadis, dans des tiroirs secrets. J'ai aussi vu que l'hôtel, grandiose mélange des vieux édifices de la ville de Québec, portait en devanture un nom où je pouvais lire Paul ou Paul's. Vais-je continuer. Il y aurait là matière à quelques centaines de films. Et qu'ont-ils tous à me courir après, d'autant plus qu'ils ont bien vu que je restais moi-même, à la fois curieux de ce qu'ils faisaient et indifférent à leur agitation. Simplement, dans la maison des familiaux, aurais-je aimé avoir une plus grosse queue à faire aller entre mes cuisses. Je suis trop humain.

Je songe au noyé de mon rêve d'hier matin, le complet-veston marron. Un visage qui m'est un peu familier mais que je ne suis pas parvenu à replacer. Est-ce nécessaire. Qui cela pourrait-il préoccuper. Personne. Pas même moi. Il y avait néanmoins dans son regard une sorte de tendresse contenue et infinie. J'attendrai. S'il revient je pousserai plus avant mes recherches.

Vendredi 30 décembre. — Couché hier soir à minuit, j'ai été réveillé deux heures plus tard par un autre long rêve. Les choses se déroulaient d'abord dans un lieu quelque peu semblable à l'appartement que j'habite. Je m'y trouvais avec une autre personne dont je n'arrive pas à me rappeler l'identité quand Pierre vint me rejoindre. Il portait une grande robe cérémonielle. Puis il fut dans mes bras, couché sur un lit de la grandeur de la chambre. Je relevai la robe, grise je crois, et je me souviens très bien du contact de mes mains sur les jambes, sur les fesses et sur le dos du corps de Pierre et que rendu à la hauteur de sa taille je découvrais que Pierre portait sous la grande une plus petite robe d'un tissu rouge-brun totalement diaphane qui lui collait à la peau, dès que je la déplaçais, comme un vêtement mouillé. Puis l'appartement commença à devenir une sorte d'appendice minuscule à ce qui s'avérera bientôt être un immense hôtel-cathédrale. Et de nouveau il y eut foule, des centaines et des centaines de personnes occupées à ceci et à cela et que dans un affairement incessant je finissais par rencontrer, parlant à chacun et à chacune, la plupart étant déjà des connaissances de moi mais aussi d'Anne-Marie, de Jules, de Christine, de Christian, de Dominique et de Jean-Bernard que j'étais particulièrement heureux de retrouver à mes côtés. Fil conducteur : partant de mon appartement je devais par rues et ascenseurs me rendre jusqu'au cœur de la cathédrale dont on ne cessait de transformer la structure environnante en hôtel toutes catégories, chambres, suites, condos, lofts, etc. Un immense chantier dont j'étais tantôt le propriétaire, tantôt le maître d'œuvre, ou encore un simple ouvrier parmi les autres mais portant l'élégant et discret complet-veston bleu foncé que je rêve de m'acheter depuis vingt ans. Pour en finir néanmoins avec cette histoire sans fin : je me rappelle qu'à mon réveil quelqu'un appelait le cœur de la cathédrale, la grande nef du bâtiment, elle aussi de nouveau en chantier et dont je restais l'unique propriétaire, la chapelle ardente. Chapelle ardente : où de nombreux cierges entourant un catafalque, brûlent autour d'un cercueil. Bof. Je pense plutôt que l'ardent, dans tout cela, c'était moi. Car encore une fois j'observais tout ce qui se passait autour de moi comme en y restant indifférent. Et bien que je me souvienne avoir parlé d'abondance à tout un chacun.

Samedi 31 décembre. — Encore abondamment rêvé. Cette fois, et je m'en tiens à mon dernier rêve, je me retrouvais dans un bar gigantesque où, certainement, allaient et venaient plusieurs milliers de personnes. Un très long rêve quasi inénarrable. Quelques scènes néanmoins. Cinq ou six femmes assises sur des tabourets nous tournent le dos. Elles sont court vêtues. Alors je m'aperçois, comme elles sont toutes penchées sur le comptoir, que le bas de leurs fesses, dans la courbe qui mène aux cuisses, est couvert de poils. Ces femmes sont des hommes. Je regarde la foule. Et je constate qu'il s'y trouve un peu partout un grand nombre de travestis. Ailleurs le pianiste Liberace et un blond assez solide qui m'a l'air d'être Claude Saint-Laurent donnent, debout, un concert débraillé sur le même clavier. Et ainsi de suite, à l'infini presque et comme si la fête devait durer toujours.

Dimanche 1er janvier 1995. — Je me retrouve avec du café, une cigarette, un stylo et le cahier dans lequel j'écris. Et l'esprit toujours aussi vagabond malgré les nombreuses tentatives faites pour le discipliner. Mais à quoi bon tenter d'enrégimenter ce qui n'a pas à l'être. Et blablabla.

J'ai de nouveau passé toute la nuit à rêver, j'en suis certain. Comme il est certain que je n'ai pas cherché à conserver de ces rêves un quelconque souvenir. Or la chose, maintenant, me désole. Les rêves, naturellement, nourrissent l'imagination. Autre blablabla. Comme s'il y avait à chercher des raisons à ce qui n'en a pas.

On dirait que des milliers de portes sont en train de s'ouvrir dans ma tête, qui sont autant d'invitations à franchir le seuil d'au moins l'une d'entre elles. Oui. Mais laquelle choisir. Pourquoi l'une, pourquoi pas l'autre.

Depuis qu'hier midi Pierre m'a parlé d'un compact disc, d'un CD (sans trait d'union) qu'il venait d'acheter et dont le titre anglais parlerait des testicules de Picasso, je n'ai pas cessé de me demander et de toutes les façons, tant inconsciemment que consciemment, si là, dans lesdits testicules, n'était pas le point de jonction entre ce que ma vie onirique me déballe depuis une semaine et la plate réalité où je continue d'errer comme un maquisard qui, après toutes ces années, ne se souviendrait pas des raisons qui l'ont conduit à prendre le maquis. Testicules. Qui va de la teste au cul. François Villon ne serait pas mort, il me montrerait comment me servir de la langue de l'une pour satisfaire les désirs de l'autre. Pauvre Jean-Pierre.

Il passe midi. Ce matin, première promenade de l'hiver sur les glaces avec Démon. Des glaces pleines de pièges, de trous qui rendent la marche difficile, pénible même. J'avais un bâton pour m'aider. Le chien, lui, n'arrêtait pas de se laisser glisser ici et là. La marée baissait. Et le soleil laissait à peine voir sa forme circulaire à travers le brouillard. Le temps continue d'être doux. Comme une grosse couille.

Lundi 2 janvier. — Depuis une heure que je suis réveillé, je m'écoute. Et très loin en moi j'entends des voix, celles de Jacques, de Martine, de Jean. On m'appelle et ce n'est pas un rêve. Mais ce n'est pas la réalité non plus. Alors. Alors rien. Laisser neiger. Jacques. Et si je téléphonais pour lui demander de me prêter des livres. D'un autre côté, où sont les livres que je voudrais lire et que je ne trouve jamais. Et puisqu'il en va de ceux-ci comme du reste : il y a les imaginaires et il y a les réels. Et puis le livre qui dirait crûment que la vie n'est qu'une affaire de couilles n'est pas prêt de paraître. Il ne paraîtra pas. L'idée est insoutenable. Pour les femmes, bien sûr, mais peut-être plus encore pour les hommes.

Mercredi 4 janvier. — Rien écrit hier. Sans raison. Ou bien étais-je perdu dans mes rêveries. Puis, cette nuit, entre deux rêves de foules, je me suis mis à palper mon prépuce tout en me demandant à quelle autre sa texture pourrait être comparée. Je me suis endormi en pensant aux sacs de plastique qui ont remplacé les sacs en papier dans la vie commerçante. Puis, ce matin, j'ai trouvé autre chose. Les pétales des fleurs. Après quoi je me suis mis à tenir pareillement la peau de ma poche, puis celle qu'il y a autour de l'anus, pour voir si la même comparaison pouvait tenir. Oui, mais. Il y a quand même des différences. J'en suis là.

Mes rêveries d'hier mais plus encore les images qui défilaient sur l'écran du téléviseur ont fini par m'écœurer. À quel point nous ne réalisons pas que tout ce que composent les yeux, la vue, est abstraction. Il suffit pourtant de se placer devant un miroir pour s'en convaincre définitivement. Alors la gauche devient la droite et inversement. La vérité étant que nous ne pourrons jamais nous voir, vivants, tels que nous sommes. Restent les mots. Je n'ai pas encore compris pourquoi. Il s'agit d'une intuition. Pourquoi les mots, quand on a le sens des mots, nous donneraient-ils de nous-mêmes une meilleure image que celle que nous procurent nos sens.

J'ai regardé la neige tombée durant la nuit, si légère et bouffante qu'on la dirait posée partout, sur les branches des arbres, sur les glaces, sur les toitures des maisons, par la main docile d'un peintre du dimanche. Quand la beauté se fait ennuyante. Au moins le chien, quand je l'ai sorti, a-t-il mis un peu de vie là-dedans. Sa belle fourrure noir et feu. Et ses oreilles qui se redressent quand il reprend contact avec la nature. Je suis un mauvais maître. Bon maître, je le mettrais sur l'une de ces glaces qui sont en train de regagner l'estuaire. Mais je l'aime, comme on dit.

Jeudi 5 janvier. — Première grande nuit froide de l'hiver, –30 °C. Je m'étais couché courbaturé et dans l'incapacité, même, de faire ma toilette mentale. Je craignais le pire. Non, bien au contraire. Je respire mieux. Je n'ai plus cette chaleur pesante et obsédante autour des yeux. Et je sens courir dans mon dos des pincements radiants comme si on venait de me fouetter. Voilà pour ce curieux réveil.

Histoire vaine, la mienne. Et destin inutile. Alors pourquoi rêver comme je l'ai fait que j'allais m'acheter du papier à 0,14 $ la feuille pour écrire. J'avais pour tout bien, en tout et partout et comme dans la réalité d'ailleurs, 20 $ dans mes poches. J'ai mentalement calculé que si la fille qui me vendait le papier me faisait une petite réduction je pourrais repartir avec 400 feuilles sous le bras. Voyons maintenant si cela a quelque sens. Soit 0,14 $ X 400 = 56 dollars. Non, c'est sans issue. Pourtant je suis bel et bien reparti du marché aux puces avec mes 400 feuilles blanches enveloppées dans du papier brun. Il était 8 h et il faisait encore presque nuit. Marie-Anne conduisait l'auto, Madeleine assise à ses côtés. Pendant que je marchandais mon papier, elles étaient allées entendre un sermon de retraite. Toute la scène se déroulant dans la ville. Et je me souviens qu'en les attendant et mon achat complété je me suis quelques instants retrouvé dans un grand square habité par des étudiants, la plupart des hommes, et qu'il semblait convenu que la plupart d'entre eux résidaient dans le coin parce qu'il s'agissait d'un quartier gai. Et je me souviens encore que déambulant parmi eux on se passait à voix haute le mot pour me laisser circuler librement et sans compter que tous semblaient bien mieux me connaître que je ne me connais moi-même. Ah oui, une dernière chose. La jeune marchande de papier et moi. Elle m'a dit et montré qu'elle écrivait de la poésie. Sur quoi je me suis empressé de lui donner l'édition Tisseyre en six volumes de mon *Journal.* La paix.

Je suis découragé. Je m'étais recouché. Et j'ai encore rêvé d'un grand repas majoritairement familial. Objet de ce festin : des biscuits à la guimauve et au chocolat. J'en ai ma claque. Des biscuits et de la famille. D'un autre côté, force est de constater que mon état physiologique n'a cessé d'aller s'améliorant depuis que je me suis mis à rêver ainsi. Ou à en écrire. That is the question. Rêver ou écrire. Quoi qu'il en soit il y a dans tous ces rêves un élément répétitif. Il semble que ce soit toujours moi qui m'affaire à nourrir les autres. J'appelle à une autre vie. J'y viens, d'ailleurs. Mon imagination. Elle me lance ces jours-ci plein de nouvelles images. Un moment que j'attendais depuis longtemps.

Vendredi 6 janvier. — Je fais de la compulsion onirique. Un autre long rêve. Quelques scènes. D'abord Pierre et moi sommes étendus sur un divan-lit plus étroit que large. Par les ouvertures de nos vêtements nous nous caressons tendrement-sensuellement tout en nous entretenant à voix haute avec Marie-Anne en train de repasser du linge dans l'encadrement de la porte d'une pièce attenante. Puis je me retrouve au volant de la grosse voiture bleu duc que vient de s'acheter Jean-Claude et qu'il m'a prêtée. Je passe par le garage de la plupart de mes rêves, là où je ne vais rien faire réparer mais où je passe la plupart du temps jaser avec des connaissances mécaniciennes. Après quoi nouvelle petite ballade : je conduis sous l'eau, plus ou moins étonné d'y découvrir une vie sociale ou urbaine semblable à l'autre. Je refais surface et retourne au garage. Longues discussions. Le mécanicien en chef de mes amis est d'accord pour faire une pause et venir voir avec moi ce qu'il y a sous l'eau. Nous partons. Comme la voiture commence à pénétrer dans l'eau, je me rends compte que ce sont Chantal et François qui m'accompagnent. Jusqu'ici, depuis la scène du lit, tout s'est sensiblement déroulé dans une sorte de pénombre où dominaient le gris et le noir. L'auto descend lentement la longue pente qu'il y a sous l'eau. Dans la même pénombre on voit des maisons avec leur jardin immergées. Nous continuons de descendre, l'eau est de plus en plus noire. J'allume les phares de la voiture. Tout devient lumineux, la scène étant complètement arrosée par une belle lumière jaune comme on en trouve dans les toiles de Rembrandt, dans les aquariums, dans les films américains à l'aube ou les fins d'après-midi, bref il s'agit d'un éclairage remarquable que pourrait nous donner continuellement le soleil lui-même s'il n'était pas si con. Nous sommes toujours dans la voiture qui est cependant devenue l'intérieur d'une maison-ville entourée de baies vitrées donnant sur le fond de la mer. Chantal, François et moi marchons sur un trottoir-rue de ciment bordé de caniveaux résolument rectangulaires et en ciment eux aussi. La grande propreté des lieux, des plantes, des objets nous fascine. Puis, devant nous, à quelques pas, couchée, recroquevillée sur le trottoir, une vieille femme habillée de loques cependant propres comme le reste. Je vais à son devant et me penche vers elle pour l'aider à se relever. Et me voilà subitement et toujours dans la voiture-ville attablé avec Anne-Marie en face de moi. Une belle petite table carrée comme j'ai toujours rêvé d'en avoir une pour écrire. Anne-Marie mange, c'est le petit-déjeuner. Mais voilà qu'elle fait la moue et qu'elle ressemble de plus en plus à Chantal autant qu'à elle-même. Alors j'ouvre mon petit tiroir-frigidaire d'où je sors toutes les sortes de pots de confitures imaginables pour chasser la moue du visage d'Anne-Marie-Chantal maintenant assise à gauche cependant que Jules a pris sa place en face de moi. Des goinfres. Ils achèvent de tout manger comme je me réveille.

Samedi 7 janvier. — Deux longs rêves en début et en fin de nuit, des rêves longs, plutôt laborieux et un soupçon pesants. Le premier. Je dois changer la couche de coton d'un bambin dont Lucienne et moi savons maintenant qu'il pourrait très bien s'en passer. J'enlève la couche que je jette dans l'évier et remets sa culotte courte et blanche au petit bonhomme qui me jase des choses sans enfantillages. Nous sommes au rez-de-chaussée d'une maison d'anciens rêves plus ou moins récents et qui compte quatre ou cinq étages pratiquement condamnés mais remplis de choses et de lumière que le gamin et moi avons envie d'aller explorer. En route vers la porte qui mène au premier d'entre eux, je croise Lucienne assise dans un fauteuil. Puis je suis seul et journaliste en train de quasi escalader des rochers et de franchir des postes de garde tenus par des bandits armés. On me laisse passer à l'un d'eux, puis à un autre, non sans maugréer. J'atteins enfin le bâtiment où vont dans tous les sens des centaines de personnes. Nouveaux contrôles. On me colle une carte d'identité sur le dessus de mes index et majeur droits. J'entre dans une grande salle de rédaction à l'américaine. La bâtisse ressemble à un grand chalet où l'esprit de sérieux, à l'évidence, règne. Puis je dois sortir de la salle pour retourner d'où je viens. Une Jody Foster *(Le Silence des agneaux)* à une porte vitrée me fait des histoires. Nous discutons courtoisement mais je sens bien qu'elle pense que je lui pose un lapin. Mais elle finit par reconnaître la validité de ma carte d'identité et m'ouvre la porte. Je redescends la colline et les rochers cependant que les gardiens-bandits ont tout l'air de se mitrailler les uns les autres. C'était le premier rêve. Voici le deuxième. Des scènes. Je suis dans le hall d'un collège-hôtel. Des dizaines d'étudiants, filles et garçons, me posent des questions sur l'écrivain de mon moi. Je suis jeune moi aussi et nos rires et sourires ne cessent de nous enchanter tous tant que nous sommes. Puis un plus vieux, probablement un professeur qui se prend pour un professeur, me demande avec réprobation ce que je pense de la manie qu'a chaque nouvelle génération de jeunes et d'écrivains de fonder ses propres maisons d'édition au nombre de cinq ou six chaque fois. Je réponds toujours aussi enjoué que la chose est normale et même excellente en soi comme si, à bien y penser, un livre ne pouvait se concevoir sans passion éditoriale. Bravos et acquiescements des sportifs et sportives de l'écriture qui nous entourent. Puis je me retrouve au sous-sol de la maison de Jacques, Cyrille en train de me passer le gamin de l'autre rêve (je pense) par une fenêtre et Marie-Anne à mes côtés. L'opération réussie je me retrouve au volant de ma nouvelle américaine rouge que je commence à essayer de garer à un coin de rue de là qui est un coin de rue tranquille de banlieue, bref cette tentative de stationnement le long de la chaîne de ciment devrait être réussie dès que pensée. Mais non. Arrive Lucien, un ami de Cyrille, qui veut se garer en même temps que moi derrière moi. Légère confusion aux effets gigantesques. Je n'arrive plus à me garer simplement, je dois procéder à reculons, or chaque fois que je veux m'exécuter la tranquille rue de banlieue devient un boulevard de ville au trafic dense qui ne se met à exister que lorsque je fais marche arrière alors que si je regarde devant moi c'est toujours la paisible banlieue gazonnée qui me sourit. Enfin je me retrouve dans une sorte de grande et fastidieuse réception amicale-parentale comme dans mes rêves des jours précédents. Les gens vont et viennent en parlant et en mangeant. C'est dans ce tohu-bohu plutôt mondain, en tout cas fort convenable, que, sur le point de m'éveiller, je croise aller et retour Jules que je regarde droit dans les yeux et qui soutient mon regard comme si j'étais quelqu'un qu'il ne connaissait pas alors que nous savons très bien tous les deux qu'il n'en est rien, bref je me suis réveillé plutôt fier d'avoir cloué Jules, dans son reniement flagrant du moi de mon moi.

Après avoir noté ce qui précède, je me suis recouché. Nouveau réveil et nouveau rêve. Les choses se sont passées ici, par un chaud matin d'été ensoleillé. Je suis dans la chambre, de plus en plus en maudit contre la roulette du thermostat qui s'est mise à rouler toute seule dans le sens de la chaleur. Je suis entouré de quatre ou cinq braillards dont j'ai la garde. J'appelle l'un d'eux pour qu'il se charge de ramener le thermostat à la raison. Puis j'entends qu'on s'énerve dans le salon-cuisine d'à côté. Je jette un œil et je vois par la porte-patio un gros ours brun qui se tient tout près de Christine enfant. Et voilà mon chien Démon qui part japper l'ours immense, vraiment, par la porte maintenant ouverte. Moi, je ne sais pas trop quoi faire avec les autres enfants qui m'entourent, comment les sauver de la bête en les gardant près de moi tout en allant à la rescousse de Christine. Mais celle-ci et l'ours, maintenant, semblent plutôt se flairer mutuellement que de vouloir se livrer au carnage appréhendé. Et voilà l'ours, un vrai de vrai, entré dans la maison et s'approchant grognon d'un autre enfant, mélange de Christian, de Julien et de Francis. Mais celui-ci échappe à son tour à la menace du mastodonte en courant se réfugier près de moi avec les autres enfants derrière la porte de la chambre. Sauf que l'ours était en train de pousser d'une patte de maître cette porte quand je suis revenu à la vie ennuyante des chroniqueurs littéraires et des politiciens. Mais j'oubliais. Cet ours, comme tous les ours, était en train de muer.

Dimanche 8 janvier. — Cette nuit, d'autres longs rêves où les amis, Pierre, Jacques et Martine, Chantal et François, Sylvie et Marc, ont pris la place des zombis familiaux. Et on n'a rien mangé même si le dernier de ces rêves s'est terminé dans un supermarché en alimentation où il faisait une chaleur suffocante et où je n'ai acheté que des timbres-poste. Ah, j'ai également retrouvé Cthulhu, mon berger allemand. Quelle joie.

Je suis dans le doute. Il me semble, je sens que je ne peux pas continuer à noter mes rêves sans payer mon dû à la réalité, à ma patience, en particulier, dont je dirais qu'elle a atteint quelques-unes de ses limites. Patience, vertu qui consiste à supporter les désagréments, les malheurs. Les malheurs, c'est beaucoup dire. Ils sont même non avenus puisque le bonheur qui est le mien quand j'écris est toujours aussi vif qu'au premier jour. Quant aux désagréments, prenons-les pour ce qu'ils sont : des démangeaisons, des envies de recanaliser toutes mes énergies vers ma queue, cela noté parce que je m'avoue en définitive, après des dizaines d'années de vains efforts pour y parvenir, incapable de compassion pour les malades du cœur, pour les cancéreux, pour les sidatiques et autres virusiens. Voilà.

Lundi 9 janvier. — Comment qualifier ce que je fais le soir avant de me coucher, les lumières éteintes, assis dans mon lit. Et afin que je puisse en parler, en écrire, comme on écrit ou parle du temps qu'il fait, des gens rencontrés ou des peines et des joies qui se font la guerre et la paix dans nos cœurs. Est-ce que je me parle à voix haute comme cela en a toutes les apparences. Non. Je parle à. Ou encore est-ce l'esprit qui se parle à lui-même en moi, pour moi, à travers moi. Léautaud, qui était curieux de toutes les formes de plaisirs sexuels et qui s'y livrait le plus volontiers du monde, parlait de ses séances. Moi, pudeur ou crainte de passer pour un fou, je me tais. Or je ne suis ni fou ni pudique. Et si j'utilisais l'expression faire la chose comme on dit faire l'amour. C'est bien banal. Mais justement, ce que je fais alors dans mon lit est quelque chose de banal, d'ordinaire. Comme écrire quand j'écris.

Mardi 10 janvier. — Le rêve qui m'a réveillé beaucoup plus tôt ce matin, bien avant l'aube, était testiculaire. La scène : un jeu, un tablier de jacquet sur lequel les joueurs se déplaçaient avec leurs dames, leurs pions. Joueurs dont j'étais, mais aussi une blonde aux cheveux courts dans la trentaine certaine (n'était-ce pas Diane) et quelques autres. Nous arrivons à la fin de la partie ou du rêve, peu importe. Et la conversation devient générale, lancée par je ne sais qui. Les hommes parlent de leurs testicules et qu'il ne s'est trouvé personne jusqu'ici pour les prendre et les caresser comme il se doit. Diane, penchée au milieu du jeu sur l'une de ses dames, dit alors qu'elle saurait, elle, comment le faire. Et pour mieux s'exprimer, elle se met à donner des noms doux aux choses ainsi qu'à ceux et à celles qui sont capables de leur faire des douceurs. Des noms splendides que je n'ai pas été capable, hélas, d'apporter avec moi dans mon réveil. Ce qui fait que me voilà tout chagrin, comme un enfant à qui on viendrait d'enlever les jouets qu'on lui aurait donnés la veille. Je me suis donc recouché. Et rendormi. Et, oui, j'ai retrouvé le jeu de jacquet mais avec, me semble-t-il, d'autres joueurs et joueuses. Autre différence : au lieu de faire avancer des pions nous tenions chacun un boyau d'arrosage que, notre tour venu, nous dirigions sur l'une ou l'autre flèche du tablier, le jet d'eau déplaçant du sable, de la terre, des cailloux, des graines, de toutes petites herbes. C'était bon cela aussi, mais à mon réveil j'avais encore la nostalgie des noms donnés par Diane dans l'autre rêve aux couilles et à leurs célébrants et célébrantes. Bref ma peine demeure.

Mercredi 11 janvier. — Il me semble que je ne suis assis devant mon cahier que poussé par l'habitude, sans véritable désir autre que celui de n'être rien, sans espoir de venir à bout du froid sidéral qu'il fait dehors et sans même la patience d'attendre qu'il passe. À moi. Help. Et mes yeux qu'on dirait en feu, que je n'arrive pas à rafraîchir. Petit matin malfaisant, succédant à une nuit brouillonne dont je ne sais déjà plus rien.

C'est trop fou. Même Démon, depuis notre réveil il y a une heure, n'arrête pas de geindre. Dehors, une fumée, un brouillard sauvage, wagnérien, monte des eaux du fleuve qui n'ont pas encore gelé même s'il fait –30 °C. Quoi noter d'autre. Rien. Deux fois rien. Comme si mon corps seul, en ce moment, ne m'était pas mensonge.

Jeudi 12 janvier. — Il y a des jours, comme en début de semaine, où je fais de gros efforts pour ne pas m'encombrer l'esprit des souvenirs de mes rêves. Il y en a d'autres, comme ce matin, où j'aimerais au contraire me perdre en eux. Vanité. À peine si je me rappelle une scène, la finale, du long rêve dont je viens d'émerger. J'étais dans une embarcation, plus ou moins de fortune, je ne m'en rappelle même pas la forme. Et les eaux du lac, ensoleillé, sur lesquelles je circulais ne cessaient de monter, comme fait la marée. J'imagine que j'étais bandé. Puis les eaux du lac se sont mises à baisser et je me suis réveillé. Débandé. Mais parlant d'eau. Celle d'ici, de la maison, est gelée. Il ne sort rien des robinets.

Vendredi 13 janvier. — Rêvé de Marc et de Pierre sauf que Pierre, cette fois, ne voulait pas nous lancer dans la production d'un disque mais dans la vente de jouets. Autre rêve, sorte de reprise d'un rêve fait en début de semaine, deux rêves au scénario presque identique et dans lesquels Jacques et Martine nous recevaient à dîner, Racine et moi, deux rêves-banquets, repas servi à l'étage d'une immense villa (tout n'est-il pas immense dans mes rêves ces temps-ci), bref plusieurs dizaines de convives haut de gamme répartis en deux groupes, deux grandes tablées, des tables rondes, présidées l'une par Martine, l'autre par Jacques, et c'est nettement à celle de Jacques que Pierre et moi nous nous retrouvions ce matin, dans le rêve de ce matin, mais comment dire, pauvres, marginaux, livrés à la seule prestance de notre être-là, transportés tels quels de la réalité dans un monde de parvenus sociaux, la misère totale si je n'avais perçu que l'esprit de Jacques, à travers toutes ces mondanités, se frayait un chemin miséricordieux vers les nôtres, l'esprit de Pierre et le mien.

Vendredi matin 13 janvier. — Me suis recouché et rendormi après avoir fait va-et-vient. Et j'ai de nouveau rêvé. Un assez long rêve tout à fait remarquable que, filmé, je n'aurais pas honte de mettre à côté des meilleurs films américains des dix dernières années, à la fois pour l'histoire, le montage, les décors, les couleurs, les interprètes et les effets spéciaux. La ville de mon rêve est Trois-Rivières telle que je l'ai oniriquement développée au cours des années. La rue dans laquelle je vais m'engager part du fleuve et va vers le nord. Il s'agit d'une rue qui deviendra de plus en plus commerciale. J'arrive devant une vieille maison des années 1930 un peu isolée, on devine que ses planchers sont faits de bois poli par l'usure et qu'ils craquent sous les pas. Je m'en approche. Le rez-de-chaussée est occupé par une épicerie de province clair-obscurée. Derrière la vitre de l'une des deux baies vitrées qu'il y a de chaque côté de la porte se trouve un écriteau en demi-cercle où sont écrits en rouge plastifié et en demi-cercle eux aussi : écrivain ferait l'affaire. Je suis content, je comprends que quoi qu'il arrive maintenant je trouverai du travail à cet endroit. Après quoi je reprends ma marche qui, me semble-t-il maintenant, ici, dans le moi de mon moi en train d'écrire, devrait s'appeler Racine. La rue Racine. Roland est à mes côtés. Nous approchons d'une sorte de parc zoologique. Il y a des palissades. Après avoir franchi l'une d'elles on découvre une rangée d'une douzaine de maisons adossées à une falaise rocheuse et qui semblent vieilles d'une soixantaine d'années, avec pignons, couleurs vives, déhanchements et tout. Je suis un peu surpris, de loin elles ont l'air d'un décor de théâtre ou de cinéma, de près on s'aperçoit qu'elles sont vraies. Retour vers la sortie qui donne rue Racine. Je suis seul dans une allée pierreuse bordée de cèdres taillés, bien mis. Le télé-journaliste Bernard Derome me rejoint. En marchant je m'assure qu'il connaît bien Roland Sasseville avec qui je me trouvais un peu plus tôt, lui : bien sûr, moi : Roland soutient que nous ne faisons pas la part assez grande aux réalités et aux mots d'ici dans notre langue, lui : je t'écoute, moi : Roland m'a donné en exemple le mot pen (prononcer en même temps pain et paon), lui : c'est un peu compliqué, moi : pas du tout, lui : il faut dire pin. Out Derome. Je marche de nouveau dans la rue Racine où il y a de plus en plus de monde par ce midi ensoleillé. Puis je suis assis sur un banc public devant la table d'un café-terrasse en face d'une plus large rue qui traverse la rue Racine. Ce sera pour manger, encore une fois. Deux ou trois amis m'ont rejoint, enfin Roland lui-même se joint à nous en s'assoyant à côté de moi, sur le même banc. Puis arrive sur notre gauche, sur le trottoir qu'il y a aussi de l'autre côté de la rue Racine, une déguisée en clowne que je pense être Francine Vernac mais en plus mince, en plus svelte, bref en moins éditeuse qu'aujourd'hui. (Marie-Andrée est passée en coup de vent, sans doute agacée de me voir noter dans un petit carnet qu'elle était en train de passer.) Retour à la clowne. Elle est en train de dérouler pour l'afficher au mur de briques rouges un montage auquel elle travaillait déjà dans un autre rêve et qui est maintenant achevé. Le poster est fait de trois grandes feuilles qu'on doit dérouler l'une après l'autre pour saisir la totalité du message. C'est très design. Je me vois de face, tête et poitrine, avec la tête de Démon-Cthulhu sous le bas gauche, nous sommes en blanc grec sur fond bleu grec, c'est très beau, et je remarque que mes cheveux sont ceux de Tintin et mon visage celui de Michael Jackson, mais c'est aussi tout à fait moi et une nouvelle fois je suis très content d'autant plus que la clowne Vernac-Beaudet s'est mise à expliquer aux passants que la photo-poster était celle d'un grand jeune écrivain assis là, de l'autre côté de la rue, ce qui ne me dérange pourtant guère puisque je suis maintenant fasciné par la répulsion soudaine que s'est mis à manifester Roland à l'endroit du sucrier qu'il y a sur la table, un sucrier avec couvercle d'ailleurs. Toujours est-il que, politesse oblige, le sucrier lui est résolument acheminé. Blasé, il l'ouvre. Quelques gouttes de sang sont en train de se mêler au sucre, puis, se débattant là-dedans, on voit une petite bête de la grosseur d'un gland de pénis dont je comprends vite qu'il s'agit effectivement d'un gland de pénis. Et comme je me dis que Roland avait bien raison de faire des manières pour qu'on ne lui passe pas – passe le sucrier, je me réveille.

Dimanche 15 janvier. — Franchement je ne sais pas ce matin, comme je ne le savais pas hier, quoi noter, quoi écrire. Et qu'est-ce que ce filet de vie que je sens longer l'intérieur de ma queue. Comment le décrire. Et comment Gilles appelait-il cela déjà, qu'il comparait à de l'eau-de-vie. Liqueur de sperme, peut-être. Eau-de-vie : liquide alcoolique consommable provenant de la distillation de. Distillation : procédé qui consiste à convertir en vapeur un liquide mêlé à un corps non volatil, ou des liquides mêlés, afin de les séparer. Conneries.

Perturbantes digressions. Pourquoi chercher ailleurs, dans les rêves ou dans les souvenirs, la raison, le fondement de ce qui est, là, ici, maintenant, à ma portée. Le verre du cendrier est si brun que, sous la lumière crue de l'ampoule, on pourrait le croire noir. Il n'est pas noir. Il est rond.

Lundi 16 janvier. — Il est 9 h 22. Il pleut toujours. Il pleut depuis trois jours. Il pleut, bruine et brouillarde.

Du jamais vu à cette époque-ci de l'année. Le temps de rêve de tous mes rêves et de mes rêves les plus fous. J'hésite encore à y croire. À la limite je m'en fous même. Que s'est-il passé. Dans quel enfer me suis-je enfoncé, dans quelle prison me suis-je enfermé. Mais il n'y a rien à dire que l'incapacité totale dans laquelle je me trouve d'exprimer le moindre désir. Le zombi, le mort-vivant, c'est moi. Je parle, c'est-à-dire j'écris, et personne n'entend, ne m'entend. Rien de ce que je mange et bois ne me nourrit. Pas étonnant que je rêve sans arrêt que je bois et mange encore.

Bof. Bof et blablabla. Mon esprit est bien plus fin que ma plume, que mon stylo. Le bonheur est toujours là, et la joie. Je manque seulement de moyens pour les communiquer, pour les projeter dans un miroir qui m'en renverrait l'image. Aujourd'hui même, qui sait. Personne ne sait. Le savoir est passéiste. C'est lui, le zombi, pas moi.

Mardi 17 janvier. — Je me sens las. Et pesant, lourd, comme si je faisais mille fois mon poids. Encore quelques mots et je vais aller m'étendre sur le lit. Ma lassitude cependant, il me semble, n'est pas de celles qui écrasent. Je vois plutôt que j'ai longtemps rampé dans un tunnel lovecraftien et que je suis sur le point d'en sortir. Amen.

Mercredi 18 janvier. — Le mensonge. Du calme. Les nerfs. Respire. Profondément. Une fois. Une deuxième fois. Bon. Et puis, tout n'est pas mensonge. Prends, par exemple, le bon air frais qui est entré dans la maison quand tu as ouvert la porte pour faire sortir le pitou.

On m'a beaucoup menti ces dernières années. Des mensonges de la grosseur d'une vie, aux dimensions de l'angoisse elle-même. Mais des mensonges dont je me suis néanmoins gavé comme par besoin, par nécessité. Mais alors, question : pour nourrir quel gros mensonge que je me faisais à moi-même.

J'ai eu peur. Quand. Comment. Pourquoi. De quoi. De qui.

Foutu journal. Il est, chaque fois, si loin, si éloigné de ce que je voudrais qu'il soit, de ce que je voudrais noter.

Ou bien ai-je compris qu'on ne pouvait pas, comme la lumière du soleil, comme Dieu lui-même, regarder la vérité en face. Oui et non. J'ai compris sans savoir que je comprenais.

XII

Château-Richer, vendredi 3 février 1995. — Château-Richer. Château-Richer, lieu de passage, de quarantaine. Maladie : écrivain. Revenus : nuls. Famille : Démon, un épagneul noir et feu. Pays d'origine : aucun. Pays d'accueil : le sujet ne réagit pas. Diagnostic : amnésie sociale.

Pauvre moi, pas plus foutu de savoir quoi faire du moment présent que de bander.

Il aime le sable et l'asphalte. Il aime aussi l'herbe et le gravier. Mais il a une préférence pour le sable, pour l'asphalte et pour le ciment. Or, ici, tout cela lui manque atrocement. En guise d'asphalte : un boulevard autoroutier. Et le sable est de l'argile. Quant au ciment. Sous hypnose il vous répondrait qu'il n'a aimé de Paris que l'odeur de ce matériau.

Samedi 4 février. — Paul me gâte. Il m'a apporté hier soir le tome I des lettres de Lovecraft traduites en français. Il a déniché le livre à la bibliothèque de l'Université Laval qui l'avait acquis à sa parution en 1978, exemplaire que je serai le premier à lire si on se fie à la fiche de prêt et à moins que le bouquin n'ait été lu sur place par un mangeur de crème glacée boutonneux ou par une bouffeuse de bites littéraires. Accompagnant le livre : une bouteille de scotch-whisky, la troisième en autant de semaines. Du Johnnie Walker avec, en prime, un verre commémoratif : «Gracieuseté de Johnnie Walker, ce verre, distribué en édition limitée, commémore la première distillation de scotch officiellement enregistrée en 1494. Celle-ci se produisit sous la gouverne du Roi James IV.» Il y a cinq cents ans, donc. Nous en avons bu un verre, puis un autre. Mais je veux surtout noter que le joyeux liquide ambré m'a fait pisser large et longtemps, à trois reprises, ce qu'on aurait dit être une eau de source pascale. Qu'est-ce que le bonheur.

Dimanche 5 février. — Il y a l'odeur du ciment à Paris et il y a celle d'ici. Elles sont génériquement les mêmes. Existentiellement, elles agissent différemment. Ici l'odeur du ciment, celle des trottoirs surtout et plus encore lorsqu'il bruine ou pluviote, me remet instantanément debout dans mon enfance et dans mon adolescence. Tandis que là-bas. C'était autre chose, le ciment, fin, poudreux, plus humide aussi, étant surtout celui des murs et des planchers des endroits qu'on rénovait. Alors, aurait-on dit, c'était l'homme, l'adulte en moi qui se plantait de lui-même dans le décor ainsi qu'un comédien arrivant sur scène avec son personnage déjà campé, arrêté, irrémédiablement convenu et parvenu. Château-Richer, lieu de passage. Oui, pour décider, enfin, à laquelle des deux odeurs de ciment j'allais donner ma préférence, à qui, de l'adulte ou de l'enfant en moi, j'allais consacrer le reste de ma vie. Ce sera l'enfant, l'adolescent, le jeune homme, le reste, ce qui est venu après, n'ayant été que ratage comme on dit. C'était d'ailleurs couru, les grandes personnes, qui sont nécessairement des sérieuses, m'ayant toujours ennuyé, à commencer par leurs tristes histoires de cul dessus-dessous. Et vite fait. Comme l'argent. Comme les enfants.

Lundi 6 février. — Me ramasser. Où. Le long de quel muret de pierre, les pieds sur quel trottoir. Ou ma queue dans les mains de qui.

Trop de choses ne sont pas notées, saisies quand elles atteignent mes sens, formulées quand elles pénètrent mon esprit. Et que sont pour commencer ces yeux petits qui, même lunettés, embrouillent tout. Non. Il ne s'agit pas de mes yeux. Il s'agit de moi.

Je connais mes désirs. Et je sais encore qu'il en est un qui les englobe tous comme fait le soleil après la nuit. Qu'est-ce que mon corps, qu'est-ce que ma vie comme elle a été jusqu'ici. Rien. Mais si j'écris l'un et l'autre deviennent tout.

Lundi avant-midi. — Assez spleené. De toute façon je spleenais mal parce que je n'aime pas spleener. Je ne suis pas un spleeneur. Alors quoi.

D'abord il fait très froid dehors, –27 °C.

Ensuite.

Par où commencer.

Par le sourire. Eh oui. Château-Richer, lieu de passage. On ne sait plus très bien d'où on vient, on ne sait pas encore où on va. Mais on passe. On traverse.

Je dois être sur le point d'atteindre l'autre rive. C'est évident. L'eau dans laquelle je nageais étant devenue plus trouble que jamais. Et je ne pense plus à rien, pas même à l'espoir de m'en sortir. Et si je nage encore ce n'est plus que mécaniquement.

Je n'aime pas l'allure de ce que je suis en train de noter. Il faut pourtant continuer. Sans raison. Parce que c'est ainsi que les choses vont et viennent.

Je le sais d'instinct. Quelques heures après avoir mis ce cahier en train, vendredi, me venait le signal, comment dire, non pas de ma victoire mais de ma délivrance. Un téléphone de Claudette. Elle : vous savez pourquoi je vous appelle, moi : non. J'ai bien dit non alors que dans ma tête s'était déjà formé un oui. Pour la raison suivante. Il y a deux semaines je lui ai demandé de me remettre une partie, environ le cinquième des deux milliers de dollars que je lui ai prêtés l'an dernier. Quelques jours après elle m'a fait porter cent dollars dans une enveloppe par Jean-François, étant entendu qu'on m'en donnerait trois cents autres au début de février. Aussi, vendredi, ai-je tout de suite pensé que Claudette téléphonait pour me demander un nouveau délai. Mais j'ai répondu non à sa question : vous savez pourquoi je vous appelle. J'avais raison. Il ne s'agissait pas du tout de cette affaire.

Toujours vendredi, mais en soirée, Paul m'a parlé des singes que les gens se jetaient souvent dans les bras les uns des autres. Les singes, les problèmes. L'image est heureuse. Un problème non résolu confine à la répétition des mêmes gestes inutiles. On finit par s'en lasser. Alors ou bien le singe rend celui qui le porte semblable à lui-même, ou bien celui qui se déplace avec son singe sur les épaules finit, excédé, par le lancer à un autre. Un exemple. J'ai raconté la chose à Paul. Suzanne habite Bristol, près de Hartford, au Connecticut. J'ai pour elle le même amour que pour mes autres sœurs et pour mon frère. Mais Suzanne est aussi ma plus grande amie, ne serait-ce que parce qu'elle était à mes côtés quand j'étais un tout jeune enfant. Elle est venue passer quelques jours ici en novembre. Au dîner, le premier soir, elle a demandé si j'avais prévenu Madeleine de son arrivée. Madeleine est l'une de mes autres sœurs, elle habite un trou voisin, Boischatel. Ma réponse à Suzanne : non, mais si tu veux la prévenir toi-même le téléphone est là. Et je lui ai montré la petite table où se trouve l'appareil. Aussi, ai-je expliqué à Paul, je me suis assez vite rendu compte, dans les mois qui ont suivi la mort de ma mère en 1989, que mes frères et sœurs ne se parlaient plus entre eux qu'à travers moi. Finalement j'en ai eu assez et j'ai renoncé à jouer ce rôle. Bref et sans rien savoir de la métaphore de Paul j'ai refusé de prendre dans mes bras les singes qu'on jetait sur moi.

Mardi 7 février. — J'imagine que je dois revenir sur le téléphone de Claudette dont j'ai commencé à parler hier. J'ai donc répondu non quand elle m'a demandé si je savais pourquoi elle m'appelait. Un non à plusieurs sens. D'abord sa question était stupide, pour ne l'être pas elle aurait supposé qu'il existât entre Claudette et moi l'une de ces amitiés qui vous fait naturellement deviner ce que l'autre a à vous dire.

Ce n'est pas le cas, Claudette appartenant à la catégorie des maternantes pour qui les relations humaines commencent et s'arrêtent à la possession jalouse et exclusive, qui d'un fils, qui d'une fille. D'ailleurs celles-là, qui nous servent généralement le nom de Dieu ou de son équivalent à toutes les sauces, ne supportent même pas l'idée, dans le fond de leur cœur, d'une pareille concurrence. En un mot comme en mille elles se mettent un jour, venues de rien, à tout faire pour que le monde qui les entoure se réduise à rien sauf à elles-mêmes. La question était donc stupide et stupide fut par conséquent ma réponse : intelligent, j'aurais répondu que je ne la comprenais pas. Mais non, j'ai répondu non. Je sais cependant pourquoi. J'ai tout de suite pensé que Claudette avait trouvé une dizaine de nouvelles raisons pour ne pas me donner l'argent que je lui avais demandé. Or, ces raisons, il se trouve que je ne veux plus les entendre. Elles sont mensonges, des songes de l'esprit, et non la réalité.

Mardi soir. — Le téléphone de Claudette. En plus d'être stupide, sa question était inquisitoriale, c'est-à-dire que je me suis après coup rendu compte que, dans l'esprit de Claudette, je devais nécessairement être au courant de ce dont elle avait à m'entretenir. Je ne l'étais pas. Elle : votre sœur vient de téléphoner. Ma sœur Madeleine. Voici l'histoire. Hélène, la fille de Madeleine, ma nièce donc, Hélène et moi possédions un terrain à quelques dizaines de mètres d'ici. Ce terrain, Claudette l'a acheté en septembre 1993. Il a été convenu qu'elle le paierait 15 000 $.

Un billet signé entre nous trois en fait foi. Ce que le billet ne précise pas, cependant, ce sont les modalités de paiement de la somme. Il n'y a pas, non plus, d'échéance. C'est, objectivement, une contre-affaire. Dans les faits je peux toutefois témoigner que Claudette, en achetant ce terrain, me sortait d'un drame financier. Il reste que, verbalement, elle s'était engagée à commencer à payer le terrain au plus tard un an après la signature de notre entente. Elle ne l'a pas fait et Madeleine a téléphoné pour savoir quand elle s'y mettrait. Or Madeleine est aussi une maternante. Il va y avoir combat de poules. Je ne connais rien de plus ennuyant. Le propre des poules étant de se moquer comme de leur première robe des paroles qui sortent de leur bouche. Je ne suis pas le premier mâle à en faire l'implacable apprentissage. Et je ne serai pas le dernier.

Il faut leur pardonner. Elles font des enfants et elles ne savent pas ce qu'elles font. Car ce faisant elles se réenfantent elles-mêmes. Elles n'ont pas à choisir entre la poule et l'œuf, elles sont les deux. Je parle évidemment du genre humain. Les animaux ne sont pas si bêtes. Pauvres nous. Pauvre moi.

Je reviens au téléphone de Claudette et de Madeleine. Claudette a offert de verser 100 $ par mois à Hélène comme elle l'avait d'ailleurs proposé de vive voix à Hélène elle-même en mai de l'an dernier. Hélène, alors, avait dit que ce n'était pas assez. Et Madeleine, vendredi dernier, a réagi de la même façon : ce n'est pas assez. Et d'ajouter qu'un avocat allait maintenant prendre l'affaire en main. Il n'empêche que Claudette, théoriquement et si sa proposition avait été acceptée en mai dernier, aurait à ce jour versé à Hélène la somme de 1 000 $. Ce n'est pas rien même si, à l'évidence, Hélène et Madeleine comptaient sur de plus gros montants. Ce n'est pas rien. En supposant, encore une fois, que Claudette serait parvenue à rencontrer ses paiements.

Mercredi 8 février. — Je n'ai pas tellement bien dormi. C'était prévisible. Sur le point d'achever ma traversée de Château-Richer je me débats comme un diable dans l'eau bénite.

Je viens de relire ce que j'avais écrit vendredi dernier, quelques heures avant que Madeleine téléphone à Claudette et que Claudette, à son tour, me téléphone. «Diagnostic : amnésie sociale.» Amnésie, perte totale ou partielle de la mémoire. Claudette : vous savez pourquoi je vous appelle. Moi : non.

J'ai triché. L'amnésique, ce n'est pas moi. Et encore une fois, chevalier errant, j'aurai tenté de porter sur mes seules épaules un poids qu'elles ne pouvaient pas prendre. Un coq. Un coq que tout de suite, sans crier gare, les poules se sont mises à se disputer entre elles.

Jeudi 9 février. — Comment je tiens le coup ces heures-ci, je ne le sais pas trop. À peine levé je retournerais me coucher. Mais voilà, couché ou debout, je ne trouve pas la position qui me ferait voir clairement et simplement où j'en suis.

Madeleine, Claudette. La pire chose pour Claudette mais en même temps la plus logique pour Madeleine était que celle-ci menace celle-là de recourir aux services d'un avocat, la dette de Claudette envers Hélène. Du grand guignol. Comme si l'une et l'autre feignaient de ne pas pouvoir comprendre ce qui se passe. Elles le peuvent très bien. Elles ne le veulent pas. Dans un combat, de poules ou de gladiateurs, la dernière chose qu'on puisse attendre des protagonistes est qu'ils s'arrêtent de combattre pour réfléchir à ce qu'ils font. En téléphonant à Claudette sans me prévenir Madeleine a marqué un point. En me téléphonant pour me mettre au courant de la situation Claudette en a aussi marqué un. D'abord Madeleine. Si elle m'avait consulté sur la marche à suivre je l'aurais dissuadée de faire ce qu'elle a fait et elle n'aurait donc pas ouvert les hostilités. Ensuite Claudette. En m'informant de ce qui se passait elle a appris que je n'étais pas derrière Madeleine. En d'autres termes les deux femmes, qui ont également besoin de mon appui, ne savent plus du tout à quelle enseigne je loge. Je rectifie : elles le savent, mais ce savoir ne leur est d'aucune utilité. Le mot a été lancé, le godemiché a été sorti de la jupe : avocat. (Claudette à moi : eh bien, il ne me reste plus qu'à attendre le papier de son avocat.) La belle queue, la belle jambe veux-je dire. (Claudette encore : votre sœur a pris un ton précieux pour me parler. Moi.)

Jeudi soir. — J'espérais. J'espérais que Claudette m'aurait remis cette semaine le montant qu'elle avait dit qu'elle me donnerait au début du mois. Je l'espérais froidement, sans me faire d'illusions, simplement parce que la chose avait été convenue entre nous il y a un peu plus de trois semaines. Mais comment dire.

Je sais d'instinct que Claudette a à cœur de me donner non seulement tout ce que je lui demande mais aussi ce qu'elle me doit. Sauf qu'elle n'y arrive pas. Deux hypothèses : elle n'en est pas capable, ou bien elle s'organise pour ne pas l'être. Je penche pour la seconde.

Vendredi 10 février. — Je m'étonne. Jamais je ne me serais cru capable, il y a encore quelques mois, de parler ou plutôt d'écrire avec détachement des incroyables circonvolutions financières de Claudette. Que s'est-il passé. C'est comme si j'avais touché, atteint le point central de cet étrange cortex. Et pourtant je serais bien en peine, ce point central, de le situer, de le décrire. À moins que cela aussi ne soit contenu dans l'expression «Château-Richer, lieu de passage».

À Paris. Comment appelait-on ces endroits, ces petites rues sans issue. Impasses, des impasses. On y entrait. On en sortait aussi comme on y était entré. Et on reprenait son chemin, sa route, sans plus.

Anniversaire. Cela fera trois ans ces jours-ci que Claudette et moi nous nous connaissons. Et pendant tout ce temps Claudette n'y est pas allée avec le dos de la cuiller avec ses confidences. Elle m'égarait. Au moins subconsciemment elle aura tout fait pour me retenir dans l'impasse qui pourrait très bien porter son nom, l'impasse [E]. C'était habitable et l'endroit le restera mais, j'en ai bien peur, sans moi. Parce que je suis de ceux qui passent comme passe le temps lui-même.

Il y a des choses qu'on ne dit pas, en tout cas pas à moi, sans aller au bout de ce qu'on a à dire. Je sais, tout est relatif. Mais je sais aussi que, pour bien comprendre les choses, j'ai, moi, besoin de les toucher. La vie n'est pas dans les principes, elle est dans leur développement. Autrement n'importe qui pourrait faire croire qu'il est n'importe quoi. Les graines se mettant à parler, celle du tournesol pourrait se vanter d'en être une de peuplier. Sauf qu'un tel monde ne mériterait pas d'être connu, qu'on s'y arrête.

Claudette : vous savez, monsieur Guay, on a dit que c'est parce que je l'avais poussé à s'endetter que mon fils Michel s'était suicidé. (Il se serait, effectivement, tiré une balle dans la tête.)

Samedi 11 février. — Précieuses, Madeleine et Claudette le sont toutes les deux, et je plains l'avocat, si avocat il y a, qui aura à se promener d'une préciosité à l'autre. Précieuses et divorcées, Madeleine parce qu'elle a un jour estimé avoir été violée par son mari, Claudette parce que le sien voulait en faire une libre-échangiste. De quoi je me mêle. Des confidences qu'on m'a faites. Claudette et Madeleine ont aussi sensiblement le même âge, fin de la cinquantaine ou début de la soixantaine. Et toutes les deux sont plutôt sinon franchement grassouillettes : excellentes cuisinières l'une et l'autre, elles se nourrissent cependant aussi mal qu'on peut l'imaginer, l'une, Madeleine, ayant depuis un lointain voyage en Inde remplacé la viande dans son alimentation par des nappes brontosauriennes de fromage, l'autre, Claudette, se satisfaisant le plus souvent du régime fastfoodien de son fils Jean-François. On n'engraisse pas les volailles autrement, avec de la pâtée disponible en abondance jour et nuit.

Mais quelle est donc la provenance de l'argent, environ cinquante mille dollars, qu'aujourd'hui Claudette me doit. D'un double héritage, des biens d'abord légués à ma mère par mon père en 1975, puis à moi par ma mère à moi en 1969. Voilà pour l'essentiel.

L'argent et moi. On est un enfant ou on n'en est pas un. J'en suis un. C'est-à-dire que je n'ai jamais prêté à l'argent d'autre vertu que celle de pouvoir satisfaire mes besoins immédiats, quotidiens. Nous pouvons dormir au chaud, nous pouvons manger, je peux écrire, aujourd'hui est aujourd'hui, demain sera un autre jour. Amnésie sociale. La société ne compte pas ainsi. Il y a une logique de l'argent. Selon cette logique l'argent ne sert pas à nourrir, à vêtir et à abriter, mais à produire de l'argent. N'importe quel adulte doué de vécu peut comprendre cela. Moi pas. Je ne comprends pas, je ne peux pas comprendre que l'argent serve à acheter de l'argent. On dit que l'argent est le nerf de la guerre, de la vie et de la survie. Mais non. On le dit pour le faire croire, pour emporter l'adhésion à un dogme qui, comme tout dogme, n'a de sens que pour ceux qui aliènent, en y adhérant, leur liberté. Crois ou meurs. Hélas, je ne sais qu'aimer, mon Dieu est un Dieu d'amour et non un veau d'or. Je ne croirai pas ni ne mourrai.

Dimanche 12 février. — Mes pensées continuent d'aller et venir entre Madeleine et Claudette. On dirait des ombres chinoises se déplaçant derrière un écran de neige et de froid. Madeleine et Claudette, pas mes pensées.

Je me rappelle une corbeille à papier qu'il y avait dans la maison quand j'étais tout petit. Elle était jaune olive. Avec, dessus et noirs, des motifs évoquant la Chine ancienne, sans doute une pagode et des fioritures de dragon, enfin quelque chose du genre.

Une porte est en train de s'ouvrir. La maison était grande, qui comprenait trois étages. Et je me rappelle très bien que les matins de corvée, de ménage, Madeleine restait lourdement couchée et endormie jusqu'à l'heure du déjeuner. Rien n'y faisait, un effondrement cosmique ne l'aurait pas tirée de son lit.

Les filles, c'est connu, voient le monde par les yeux de leur père. Et les hommes, par ceux de leur mère. Étrange ballet. Pour mon frère Marcel, je le devine, comme pour moi, la transmission de l'héritage paternel par ma mère en des mains aussi trouées que les miennes n'aura signifié à la fin qu'une chose : qu'on s'en foutait, lui et moi. Pour mes sœurs, c'est différent. Il y aura eu usurpation. Que mon père meure quinze ans avant ma mère, elles ne l'auront jamais accepté. Pire : je suis à peu près sûr que, dans leur esprit, il y aura eu meurtre, la meurtrière étant ma mère, et ses complices, mon frère et moi.

Madeleine a aussi deux fils. Et il en reste deux à Claudette. Mais Claudette n'a pas de filles, alors que Madeleine en a trois. Hélène, ma nièce et filleule, est l'une d'elles.

Dimanche matin. — Une fois, au téléphone, il y a deux ans, j'ai, tout en continuant bien naturellement à la vouvoyer, appelé Claudette par son prénom. Elle : pardon. Elles sont ainsi, attentives au sens figé des mots, imperméables à leur chatoiement. Et combien de fois n'ai-je pas entendu Madeleine répudier chez les uns et les autres, moi inclus, la libre expression de leurs sentiments. Elles ne croient ou plutôt ne veulent pas croire ni même entendre ce qu'on leur dit. Pauvres avocats et si tant est que l'art de l'avocasserie ne consiste pas justement à conforter les braqués dans leur braquage. C'est bien possible.

Il m'a semblé, cette semaine, que les journées tombaient en moi comme des glaçons au fond d'un verre. Ce n'était pas nécessairement déplaisant. Comme ne me déconcerte pas l'écran de neige et de froid qui a surgi devant mes yeux plus tôt ce matin. Les choses sont comme elles sont. Et je comprends encore que le non-dit, dans toute cette histoire, n'est pas le mien et ne l'a même jamais été. Claudette et Madeleine ne sont pas des idiotes. Elles l'auront compris elles aussi. Cela et peut-être, en plus, que le problème est dans leur camp.

Ma première rencontre avec Claudette. C'était ici, à Château-Richer, elle me faisait visiter la maison que j'ai dans les mois qui suivirent achetée, que j'ai ensuite revendue à Claudette elle-même et que je continue d'habiter. Madeleine, à ma demande, m'accompagnait. Comme nous retournions à nos voitures après la visite des lieux, Claudette à la sienne, Madeleine et moi à celle de ma sœur, voilà Madeleine décrétant en regardant Claudette nous saluer : je pourrais en faire autant. C'est-à-dire qu'elle venait mentalement de se voir en courtière en immobilier qui est le métier de Claudette. Les poules sont ainsi, toujours à se percher les unes sur les autres.

Lundi 13 février. — Château-Richer, lieu de passage. Et de silence. À bien y penser, toutefois, le mot silence n'est pas vraiment celui qui conviendrait. Débroussaillons. Plus particulièrement depuis un an, l'une et l'autre, Madeleine et Claudette, n'ont pas manqué une occasion de me dire ou de me faire entendre que ce qu'elles me disaient ne devait pas être porté à la connaissance de tiers, c'est-à-dire, plus précisément, d'Hélène dans le cas de Madeleine, de Denis et de Sylvie dans le cas de Claudette, Denis étant avec Jean-François l'autre fils de Claudette, et Sylvie, la femme de Denis. Mais qu'importe, là, dans l'identification des tiers, n'est pas le problème. Il n'est pas, non plus, de mon côté. Je me connais assez bien sur ce point : je ne suis pas naturellement porté à potiner si on considère le potinage comme un moyen de se décharger sur les autres de ses humeurs malsaines ou de ses angoisses. Et puis, le potinage suppose une conception psychologique du monde, de la vie et du sens de la vie. Nous voilà bien loin du ciment, de l'asphalte et des parfums délicats qu'ils dégagent par temps de brume ou de pluie chaude.

La psychologie. Le métalangage des simples d'esprit. Madeleine : ne dis pas à Hélène que je t'ai téléphoné, ne dis pas à Hélène que je suis venue te voir. Et l'autre vendredi à Claudette : Hélène ne sait pas que je vous téléphone, elle est à Havre-Saint-Pierre. Pareillement Claudette n'a cessé de s'assurer que je ne parlais pas à Denis et à Sylvie, que je vois presque tous les jours, maintenant, de nos affaires. Étonnant. Car ces deux matrones, l'occasion se présentant, sont capables des discours les plus enflammés et, à la limite, les plus terrorisants. Elles peuvent aussi, au passage, vous mettre en boîte comme on ne se donnerait même pas la peine de le faire avec du poisson pourri. Elles connaissent la vie, elles, elles en ont vu d'autres. Hélas non, elles ne connaissent pas la vie. On connaît la vie quand on a le respect de qui ne nous ressemble pas. Or ce n'est pas respecter les autres que de les tenir à l'écart de ce qu'on dit sur eux et plus encore quand, ce faisant, on a le sentiment d'agir pour leur bien. Ô lait maternel. Il coule encore sauf que les enfants, qui gambadent déjà autour de leur trentaine, ne sont plus là pour le boire. C'est frustrant.

Lundi soir. — La différence. Elle est aussi la mienne. Je suis un écrivain. En plus, je suis un écrivain qui se moque totalement de sa corporation dont le territoire, de toute façon, est à 99,9 % couvert par la littérature de professeur. Je me sens bien seul. Et cette solitude n'est pas pour rassurer tout ce qui voletaille dans le poulailler. Il y a deux ans, après avoir lu quelques centaines de pages du premier tome de mon *Journal* dans l'édition Tisseyre, Claudette : j'espère que je ne suis pas au nombre de vos ennemis. Je l'ai laissée penser, je laisse toujours penser les gens que je connais.

Jeudi 16 février. — Deux jours sans rien écrire. Je pensais que je laisserais ce cahier de côté comme je l'ai fait avec des dizaines d'autres ces dernières années.

Madeleine et Hélène sont passées me voir en fin d'après-midi hier. Belles, chaleureuses, détendues, habillées chic. Il commençait à neiger finement. Elles voulaient me parler de la gougoune, c'est-à-dire de Claudette comme elles l'ont toujours appelée. Mais d'où vient donc ce mot, gougoune. Je trouverai. Peut-être s'agit-il du féminin de gogo, de niais. Hélène a une amie dont j'oublie le nom, laquelle s'occupe depuis de nombreuses années de l'aspect financier, comptable, des affaires de ma nièce. À peu près à pareille date l'an dernier Hélène et son amie étaient passées me voir un après-midi. Au même moment arriva Claudette. Ce qui devait arriver arriva, l'amie d'Hélène demanda à Claudette quand et comment celle-ci allait se mettre à payer le terrain qu'elle nous avait acheté huit ou dix mois plus tôt, à Hélène ou à moi. Je ne m'étais pas mêlé à la conversation. Je sais seulement que les trois femmes se rencontrèrent de nouveau quelques jours ou quelques semaines plus tard dans un restaurant du boulevard Sainte-Anne. Et je veux surtout noter qu'à la suite de ces deux rencontres l'amie d'Hélène, la comptable, décréta que Claudette, toute gougoune qu'elle était, était néanmoins une gougoune très intelligente. Enfin ai-je appris la chose hier après-midi.

Selon Madeleine et Hélène qui est maintenant manifestement au courant, tiens donc, du téléphone fait par Madeleine à Claudette au début du mois, Claudette aurait proposé de payer le terrain à raison de 100 $ par mois durant quinze ans. Autre précision : ces paiements se feraient en argent comptant et non par chèques. De cette précision je ne pense pour le moment rien. Concernant la proposition globale, j'ai un doute. C'est-à-dire que je suis plutôt porté à croire que ce sont Madeleine et Hélène qui ont d'elles-mêmes déduit que les paiements de Claudette s'échelonneraient sur une période de quinze ans. Ce pourrait être plus. Et ce pourrait être moins. De ce point de vue Claudette n'est sûrement pas la gougoune que les deux autres imaginent, personne, à ma connaissance, n'aimant être le débiteur de qui que ce soit. Bref le terrain pourrait être payé sur-le-champ qu'il le serait.

Jeudi avant-midi. — D'avocat, point. Souriante, rayonnante, sûre d'elle-même, Madeleine a dit hier soir qu'elle avait mieux vers qui se tourner. Elle l'a dit une fois, deux fois, trois fois. Elle n'a pas précisé. Je n'ai pas demandé. J'ai senti qu'on désirait autant que je demande que je ne demande pas. Dés pipés. Exactement comme l'autre vendredi, au téléphone, quand Claudette m'a dit-demandé : vous savez pourquoi je vous appelle. Or l'aurais-je su que cela n'aurait rien changé. Eh bien hier, pareillement, aurais-je demandé quel était le mieux ou le pire qu'un avocat, et m'aurait-on répondu ou ne m'aurait-on pas répondu, que la dynamique conquérante de mes deux interlocutrices n'en aurait pas été modifiée d'un iota. Je jongle néanmoins avec l'idée. Il y a plusieurs hypothèses. Claudette est une courtière en immobilier et on pourrait très bien faire des représentations auprès de sa corporation à l'effet qu'elle n'est pas elle-même capable de rencontrer des obligations qu'elle fait métier d'articuler chez ses clients. Ou encore Hélène, et comme Madeleine en avait pernicieusement émis l'idée l'an dernier, pourrait déclarer une faillite personnelle et de telle sorte que Claudette, j'imagine, se verrait contrainte de payer rapidement le terrain. Troisième hypothèse : les propres dettes d'Hélène étant principalement des dettes d'études s'élevant à ce qu'on m'a dit à 45 000 $ et Hélène ne pouvant pas ou ne voulant pas les rencontrer à ce moment-ci, le gouvernement du Québec lui-même, auquel Hélène doit cet argent, pourrait réclamer directement à Claudette le montant du terrain. Mais toutes ces hypothèses sont des édifices bien fragiles, la vérité étant qu'Hélène a besoin de l'argent du terrain pour «un nouveau projet», comme on me l'a aussi dit hier.

Vendredi 17 février. — Les gourous. L'idée m'était passée par la tête. Au téléphone, hier après-midi, Michel l'y a ramenée. Se pourrait-il que Madeleine, qui pratique la méditation transcendantale et qui milite dans ce mouvement depuis au-delà de vingt ans, ait recours à des souriants professionnels pour contraindre Claudette à verser le montant du terrain qu'elle nous a acheté à Hélène, elle aussi une méditante comme le sont les autres enfants de ma sœur. La belle guerre, alors. Et je me demande si je ne m'engagerais pas résolument aux côtés de Claudette en autant, bien sûr, qu'elle lève dans son esprit les doutes à mon endroit réintroduits par son «vous savez pourquoi je vous appelle» d'il y a deux semaines aujourd'hui.

Vendredi après-midi. — Je ne suis d'aucun camp, je ne suis d'aucun parti, ni de celui des gougounes, ni de celui des gourounes. De quelque côté que me viennent les venins, je les garde pour moi, comme si je savais d'instinct qu'ils allaient se neutraliser, l'un l'autre. Liqueurs délicates, insidieuses, comme seules les femmes en peuvent concocter. Liqueurs néanmoins, c'est-à-dire paroles et mensonges de femelles dont il n'est jamais sorti qu'empêchement, pour les hommes, pour les mâles, d'aller leur route.

XIII

Beauport, lundi 7 août 1995. — Rendez-vous avec [F] dans les bureaux de Microbio à 10 h 30, dans un peu plus de trois heures. Il va faire soleil, il va déjà faire chaud et je suis à peu près sûr de ne pas bien comprendre le dixième de ce que [F] me dira. C'est pénible, j'espérais qu'avec le temps, qu'avec les années je finirais par trouver de l'intérêt pour les affaires de ce monde. Peine perdue. Je continue d'aller du matin au soir et du soir au matin sans penser à rien, comme un enfant.

Je n'ai aucune pudeur. On me donnerait sur-le-champ un cottage, une petite maison entourée d'arbres, et je l'accepterais sans sourciller. Mais glissons, passons, oublions. Tout, en ce qui me concerne, est toujours de trop. Un cottage pour y faire quoi, d'ailleurs, pour y vivre de quelle vie. À moi. Help. Bref qu'on me foute la paix.

XIV

Nous sommes le lundi 14 août 1995. Il est 5 h 50, il y a plusieurs minutes que le jour a commencé à paraître et le soleil est sur le point de se lever. Été exceptionnel, il a fait chaud et ensoleillé presque tous les jours depuis trois mois et tout indique qu'il en ira de même aujourd'hui. Aucun vent, le seul air frais est celui qui vient du sol encore recouvert d'un peu de rosée.

Il y a longtemps, c'est-à-dire des semaines que je n'ai pas écrit comme j'ai l'habitude de le faire, quotidiennement. Je n'en voyais pas l'utilité, je n'en sentais pas le besoin. Il y a aussi que je n'ai pas cessé, durant tout ce temps, de me sentir perdu, comme exilé de ma propre vie. Il n'en était rien, bien sûr. Peut-être même n'ai-je jamais été aussi près, physiquement près de ce que je connais de moi mais aussi du monde et des autres. Je me suis calmé.

XV

Beauport, lundi 21 août 1995. — Il est 4 h 20. Il fera bientôt jour. J'ai chaud. C'est d'ailleurs la chaleur qui m'a sorti du lit, de mon sommeil. Et c'est ainsi depuis trois mois, été exceptionnel dont on dit qu'il faudrait remonter à l'année de ma naissance, 1946, pour en retrouver un semblable. Peut-être. Et peut-être aussi que j'avais cet été-là souffert de la chaleur comme j'en ai toujours souffert par la suite.

Je viens de regarder la lune à son dernier croissant avancer, aurait-on dit, à travers les nuages. Monde lointain, aussi éphémère que le reste. Sauf que ce monde est le mien et que je n'en écrirais pas si, justement, il n'était pas éphémère, de structure légère et à l'opposé, très certainement, de nos cœurs endurcis.

Que vais-je faire aujourd'hui. Ou, plutôt, que fera-t-on de moi. J'ai peur d'y penser. C'est-à-dire que je continue de redouter de ne rien comprendre à ce qui m'arrivera. Me calmer néanmoins. Retrouver en moi le sable qui m'a toujours conduit là où je devais aller.

Mardi 22 août. — Hier soir, vers 21 h, un grand nuage de fumée et une forte odeur de brûlé ont gagné la ville de Québec et sa région. Le phénomène persiste ce matin. Origine : les feux de forêt qui s'étendent depuis quelques jours sur quatre cents kilomètres carrés dans le Nord-Ouest québécois, à plusieurs centaines de kilomètres d'ici. La petite municipalité de Parent a été évacuée, environ cinq cents habitants. On craignait qu'elle passe au feu durant la nuit. Je n'ai pas beaucoup dormi. Je ne pensais pas à Parent et aux cons d'évacuants qui se demandaient hier soir à la télévision s'ils devaient ou non emporter avec eux leurs chiens et leurs chats mais à la dizaine de milliers d'animaux sauvages, castors, orignaux, loups, renards, chevreuils, ours, qui auront pu fuir les lieux dans la peur et le désarroi.

La vie est grande, immense. Ma conscience et moi nous sommes petits, mesquins, à l'image d'une race qui n'a jamais su faire corps avec son corps et âme avec son âme. Les choses ne changeront pas, chaque nouvelle génération d'hommes poussant devant elle ses organisateurs débiles et brandissant au-dessus de sa tête une psychologie aussi vulgaire qu'inefficace. Bref j'estime que Parent mérite d'être rasée par les flammes. Une résidante : nous allons tout perdre, nous n'avons pas d'assurance. Eh oui. Et puisse-t-elle en plus mourir d'un cancer, par le dedans, comme tant d'autres qui déraisonnent comme elle.

XVI

Beauport, vendredi 1er septembre 1995. — Je suis surpris. Il y a quelques semaines j'étais persuadé qu'à cette date-ci je n'habiterais plus cet appartement, le numéro 3 du 2060, rue du Monument, dans le quartier Giffard, aux limites de Québec. Que s'est-il passé ou, plutôt, que ne s'est-il pas passé. Je ne sais pas. Je pensais, j'espérais peut-être qu'aurait pris fin l'affreux imbroglio des dernières années, une histoire de transactions immobilières qui a fini par faire de moi un véritable zombi. Mais il n'en est rien, en tout cas si on s'en remet aux apparences. Le jour se lève, gris, pluvieux, avec néanmoins à l'horizon un certain ensoleillement, et je suis toujours dans la plus totale expectative, sans savoir si l'aide que j'ai demandée un peu partout me sera enfin accordée ou si j'aurai à reprendre le chemin d'une résignation ahurie. Voilà pour l'aspect extérieur des choses. Intérieurement, là où un homme n'a de comptes à rendre qu'à sa conscience, il en va tout autrement. La paix m'est revenue, claire comme une eau de source, forte comme le vent et douce comme sont doux les animaux.

XVII

Écrire. Je ne suis pas sûr d'en être digne.

Tellement beaux sont les mots. Mer, terre, sable, vent. Pluie. Herbe. Beaux sont les mots, et bons. Ils nomment. Ils donnent une âme à qui en demande. Mais, le plus souvent, ils révèlent simplement des âmes déjà existantes. On pense l'âme invisible, insaisissable. Elle n'est que visible, palpable, incroyablement sensuelle et douce.

Je me calme. Je n'ai rien à prouver. Ni la joie qui me porte, ni le bonheur qui m'accompagne dans tout ce que je fais.

XVIII

Beauport, lundi 27 novembre 1995. — Ce matin, le jour non encore levé, je rêve d'îles et de plages sablonneuses, de végétation tropicale sous un ciel gris ainsi que de femmes, d'hommes et d'enfants nus se déplaçant ici et là dans la plus parfaite nonchalance. Alors moi, qui n'ai plus rien à écrire, écrirais-je peut-être de nouveau.

La mer. Qui m'emmènera à la mer, non pas en voyage, mais pour y rester. J'écouterais le vent, je regarderais les étoiles, je humerais l'odeur de la terre noire au pied des arbres.

De tels endroits, je suppose, existent encore, sinon, s'ils n'existaient pas, la presse et la télévision en parleraient.

Je ne suis pas exigeant. Je me passerais facilement de toute la cochonnerie, gadgets et nourriture, qu'on vend dans les supermarchés. Je me passerais aussi de politique autant que de films, de livres et de musique. Je serais un homme enfin. D'ailleurs je me demande bien pourquoi j'emploie le conditionnel pépère et hypocrite des carriéristes. Cela sera, voilà tout.

Partir mais pour ne plus revenir, exactement comme ces enfance et adolescence que chacun laisse derrière soi, d'abord par la force des choses, ensuite parce que le vrai désir n'a jamais été celui de ce qui a été mais de ce qui vient. Au fond si on savait, autour de moi, comme j'en ai marre de mon entourage. Là-bas, la question ne se posera pas. Il n'y aura pas d'entourage. Je serai, ils seront. Comme sont la mer, le sable, la chaleur et la pluie.

En attendant il y a du givre dans les vitres des fenêtres et la nuit froide derrière. Je glisse. Les fleurs de givre sont belles elles aussi mais elles ne seront toujours que des métaphores, de la poésie de troisième ordre. À d'autres. Moi, je sens déjà le sable chaud qui me colle aux fesses et aux cuisses. Et dire qu'il n'y a pas si longtemps, quelques années à peine, je rêvais d'une maison vide avec deux ou trois carrés de sable à mon usage strictement personnel. On a bien failli m'apprendre à être stupide et à le rester. Mais des anges sont venus qui m'ont sorti de là. Et quand j'aurai fini de les remercier je m'en irai où ils m'ont dit d'aller. Dans le sable. Tout nu. Pour continuer d'écrire que je n'ai rien à écrire.

Mardi 28 novembre. — Eh oui, il continue de neiger comme il a neigé toute la nuit une neige niaise, fade, farineuse, une neige sans flocons et sans élégance, une neige pinçante et granuleuse comme le sable, oh la misérable contrefaçon, car enfin, de toute cette neige, que dira-t-on dans quelques mois sinon qu'il n'y en a plus, qu'elle a fondu, alors que le sable, lui, demeure.

J'aurais dû naître noir ou à tout le moins brun, indélébilement marqué par le soleil et par la pluie, avec dans les muscles la nodosité innée des végétations tropicales et dans l'iris des yeux les mille milliards de trous noirs des nobliaux de la physique moderne. Mais non, moi petit blanc qui écris qu'il n'a rien à écrire alors que les autres crient ce qu'ils ont à crier. Je ne suis pas Rimbaud. Je m'aurais tu. Totalement, absolument. Mais les blancs sont tous ainsi, ils ont toujours le génie d'en manquer.

Fumons. Douce fumée bleuâtre d'un tabac dont j'ignore le tripotage industriel mais qui néanmoins m'assure la fraternité des brumes matinales et celle des tisons des plages rougeoyant encore de ce qu'ils ont vu de nos ébats nocturnes, là-bas, où j'irai.

Mercredi 29 novembre. — Qu'est-ce donc. Moi. C'est moi. Un amalgame de non-dit et de non-écrit. Une constellation de picotements si ténus, si infimes, qu'il n'est pas jusqu'à la poussière de sable qui en pourrait mesurer le nombre ni même en soupçonner l'existence.

J'écris n'importe quoi. Je me faufile, comme certains vents, entre des murs de briques où plus personne ne va.

Ai-je dormi. Ai-je bien dormi. Je n'en sais rien. Il y avait la nuit et je ne fus plus là. Exit mon moi et ce qui le faisait être. Où étais-je, plongé dans quelle mer astrale, volant dans quel ciel ouvragé comme font les dentelles dans le haut des fenêtres.

Questions futiles et ineptes. Je n'étais nulle part. Je n'ai jamais été nulle part. Je l'aurais su, je m'en souviendrais. Je suis de la neige moi aussi. Je vais fondre. Il n'y aura pas de traces. Ainsi, peut-être, se réincarne-t-on. En tirant le rien du rien. En faisant avec rien.

Les anges. Ils n'étaient pas dans l'espace m'a-t-il semblé. Et ils n'étaient pas non plus dans ma tête. Des représentations de quelques fractions de seconde. Des flashes. De la lumière sans ondes ni particules. Est-ce possible. Moi : tout est possible. En tout cas, après coup, et c'est le moins que je puisse dire, je me sens toujours aussi indigne d'être ce que je ne suis pas et de ne pas être ce que je suis.

J'écris n'importe quoi. J'ai faim et je n'ai pas faim. Je mesure et je démesure. Et puis, où est donc passé le moi de mon moi. Nulle part. Où voudrait-on qu'il soit allé. Il n'y a pas d'ailleurs.

Jeudi 30 novembre. — J'ai rêvé. Nous conduisions, en procession, une jeune femme et un jeune homme à leurs amours nuptiales. J'étais dans la procession composée d'une centaine, peut-être, d'hommes nus. Nous nous parlions entre nous calmement mais aussi avec joie et passion. Je me souviens que nous avancions sous un soleil reposant sur un chemin qui tenait à la fois du sentier et d'une allée de terre battue. Et qu'il y avait çà et là, de chaque côté du chemin, de grosses pierres sur lesquelles grimpaient des enfants par grappes de deux ou trois. Et encore que nos corps, à tous, accueillaient la poussière de sable ou de terre qui montait du sol. Enfin nous arrivâmes aux portes d'un grand temple de pierre. On distinguait l'entrée, des portes. Puis, comme nous nous étions tous arrêtés d'avancer, de marcher, deux hommes de notre groupe, tenant bâton et hautement bandés comme nous l'étions d'ailleurs tous, accompagnèrent le jeune couple sur la sorte de parvis, de pierre lui aussi, qui s'étendait devant le temple et ses portes d'entrée.

Ce rêve en est un grand. Je ne me rappelle pas en avoir jamais fait de semblables. Je sais en outre qu'il avait un commencement et qu'il a eu une fin qui ne sont pas contenus dans la scène que je viens de décrire. Tout ce que je peux me rappeler est que l'état de bandaison, le mien mais aussi celui des autres, le traversait de part en part. Enfin deux choses me frappent. La première est à l'évidence l'allure primitive de notre groupe. La seconde est l'absence de toute relation de nature hiérarchique entre les hommes, la jeune femme et les enfants.

Les rêves. D'où viennent-ils, où vont-ils. Nulle part. Partout. Je ne sais pas. Ou plutôt je sais qu'il y a des étoiles dans le ciel et des rêves dans nos cœurs.

Vendredi 1er décembre. — Étrange. Toute la nuit, mal dormant et si tant est que je puisse dire que j'ai dormi, j'ai imaginé qu'on m'avait empoisonné, sciemment, délibérément. J'avais froid, je respirais mal, je me suis levé pour uriner à cinq reprises au moins et des douleurs cinglantes ont parcouru mes os dans tous les sens. Et ce matin encore je n'en mène vraiment pas large.

Personne ne m'a empoisonné. Je continue d'aller en moi-même, c'est tout. Et là il semble bien que je sois arrivé dans une région accidentée, un peu difficile à parcourir.

Hier, mon rêve, je n'ai pas tout dit, noté. Il s'agit des deux bandés qui ont accompagné le jeune couple jusqu'aux portes du temple. J'avais remarqué que le gland de leur verge ainsi que leurs testicules avaient été cérémonialement peints ou teints en rouge. Or moi qui déteste toutes les formes de peinturlurage je n'ai pas cessé de me demander, depuis, pourquoi j'avais laissé passer cela. Il est vrai que je n'ai ni conscience, ni éthique, et que je ne professe aucune fierté. D'ailleurs, dans mon rêve et comme toujours dans mes rêves, les choses allaient parfaitement de soi. Quand même : je ne suis pas peintre, j'en corrigerais parfois l'esthétique. Je gommerais. Les rouges inutiles, par exemple.

Les îles, le sable, la mer. L'océan. Pourtant, je me connais, je ne suis pas un primitif, un primitif n'écrit pas, même qu'il n'a rien à écrire. Où suis-je, quelle est cette sensualité nouvelle contre laquelle mes os eux-mêmes se dressent. Il y en a partout, dans ma tête, dans mes bras, dans mes jambes, dans ma poitrine. Une vraie guerre de sécession.

Il neige. À travers les stores on dirait le papillotement de confettis dans une boule d'eau.

Samedi 2 décembre. — Je n'y comprends rien. J'ai dormi le chauffage éteint, les fenêtres ouvertes, et je n'ai rien senti du froid qu'il fait dehors.

Je n'écris pas beaucoup. En tout cas je n'écris pas comme j'ai souvent pensé que je pourrais le faire. J'ai tellement à ne rien dire. Je ne me comprends plus.

Je manque de discipline. Ce ne sont pas quelques dizaines de lignes mais plusieurs pages que je devrais chaque jour livrer au néant. Heureux les analphabètes, ils ne savent pas ce qu'ils ne font pas.

C'est pourtant simple. On met un mot sur le papier et les autres suivent presque aussi naturellement qu'il pousse des feuilles dans les arbres le printemps venu. Non, moi je continue de chercher à ne pas dire je ne sais pas quoi.

Autre chose, je me vois aller, je prends une heure ou deux tôt le matin pour ne rien dire, pour ne rien écrire, puis, le reste de la journée, je m'en vais la conscience parfaitement tranquille comme si j'avais chaque fois nettoyé les sommets de l'Himalaya de leur poussière de la veille. C'est petit.

Dimanche 3 décembre. — Le sable, mon sang, mes mots, tout s'en va chez le diable. Je n'écris pas. Je fais semblant d'écrire mais je n'écris pas, je n'écris rien. Et si je continue à ne pas écrire il se passera que j'aurai tout à dire et plus rien à taire.

Le matin est tout à fait hivernal, grisâtre, sale, humide et dominical. Mon esprit rampe et mon corps le suit, lâchement, veulement.

Du calme. Car après tout c'est bien ma faute si j'ai encore aussi mal dormi qu'un vigile. Le soir profond arrive, je bois un café dans l'espoir de me mettre à ma table pour écrire, au lieu de quoi je me précipite dans mon lit et dans la caricature de sommeil que, tel un prince méchant, il me propose.

Foutaises. Je n'écris pas parce que je me complais dans la vision de ce que j'écrirai. Je fais attendre le patient, voilà tout.

Je ne suis pas un patient. Je suis moi. Et je me dis encore que j'aurai ma revanche sur les conneries dont je m'affuble.

Au fait, qu'est-ce que je patiente, qu'est-ce que j'attends. Rien.

Lundi 4 décembre. — Ce que je tente de faire depuis une semaine est complètement fou. Il n'y a rien à écrire et je m'obstine à faire comme si tout devait l'être. Or je me relirais et je constaterais certainement qu'entre le rien à écrire et le tout à l'être la médiocrité, seule, est advenue.

Les anges, mes rêves, la neige. Et quoi encore.

À moins que je ne sois en train d'illuminer, d'avoir mon illumination à moi tout seul, de saisir, de voir, d'embrasser, après son moi, le non-moi de mon moi.

Tout ce que je n'ai pas été, en effet. Et tout ce que je continue de ne pas être. Quels marais. Quelle boue.

Jamais, et même si la chose m'est souvent et constamment arrivée, je n'ai autant désiré n'être qu'un petit animal, un chien, un chat, une souris, un grillon. Que de rivières, alors, je remonterais la nuit, pierre après pierre, buisson après buisson. Nager. M'ébrouer.

Le fait est que je suis un si mauvais homme que j'en viens à me dire qu'il y a probablement eu erreur de réincarnation.

Bon, et me voilà maintenant tombant dans les orientalités. Pauvre moi. Pauvre non-moi, devrais-je dire.

Par ailleurs comment me dire, en train d'écrire, que cela, moi en train d'écrire, n'est pas moi.

Chaque nuit, sur les vitres des fenêtres, le givre dessine de nouvelles fleurs. Là, l'éphémère règne en maître.

Moi, pendant ce temps, je simule la permanence. J'ai écrit, j'écris, j'écrirai. Eh bien non, je n'écrirai plus rien du tout. Je sais très bien comment faire. Je le fais.

Mardi 5 décembre. — Oui, j'ai encore peur. Et non, je n'ai plus peur. Il y a les deux, liés l'un à l'autre comme le sont le recto et le verso d'une feuille de papier.

Je suis, peut-être, en train de dire adieu à mon art, à ma connaissance de la langue et à celle de l'écriture. C'est tout à fait possible. Et puis non. Le moi de mon moi est aujourd'hui ce qu'il était hier et ce qu'il sera demain. Il est. C'est-à-dire qu'il n'est rien. Cela, je l'ai toujours su, senti, pensé.

Hier, en marchant sur la neige des trottoirs, l'impression m'est venue à travers mes caoutchoucs, la semelle de mes souliers et le coton de mes chaussettes que je marchais pieds nus dans le sable. C'était pareil. C'était splendide.

Petit matin. Je veux dire qu'au lieu de me lever avant l'aube j'ai traînassé au lit jusqu'à l'heure d'ouverture des bureaux, des commerces et des écoles. Avec le foutu résultat que je me sens en retard sur le rien de mon rien.

Mon art. C'est bien ce que j'ai écrit il y a quelques instants. Quelle mauvaise blague. Je ne suis pas un artiste, je n'ai jamais eu l'intention de l'être et ce n'est pas aujourd'hui ni demain qu'on arrivera à me convaincre du contraire. J'écris, soit. Mais je pourrais très bien ne pas écrire et je ne m'en porterais pas plus mal. Un artiste. Et quoi d'autre. Je suis moi, voilà tout. C'est-à-dire que je ne suis pas et que je n'aspire nullement à être. Exactement comme le temps qui passe. On ne sait pas d'où il vient, on ne sait pas où il va et la vérité est qu'on s'en fout.

Jeudi 7 décembre. — La désolation de ce matin me vient de ce qu'hier je n'ai rien écrit, pas une phrase, pas une ligne, pas un mot. Alors qu'ai-je fait. Rien, aussi rien que si j'avais écrit.

Il ne pleut pas. La journée s'annonce même très froide, glaçante, givrante, gelante. On n'y peut rien. Personne. Les choses sont comme elles sont. Et elles sont également comme elles ne peuvent pas être.

Bon, et si je reprenais le seul chemin que je connaisse, celui de la simplicité. Mais. Non, sans mais. Sans considération aucune, sans explication aucune, sans condition aucune.

Désolation. Le mot dépasse de très loin ma pensée. Il faudrait plutôt parler d'agacement. J'invente mes propres mouches, puis, comme un enfant qui n'en aurait jamais vu une de sa vie, par mimétisme, pour faire croire aux grands qu'il est un grand lui aussi, je m'amuse à les chasser.

La neige. Il y en a déjà partout comme au cœur d'un hiver qui, théoriquement, selon le calendrier, n'a pourtant pas encore commencé. Qu'importe, elle est là, somptueuse comme une fourrure et comme elle odorante des essences des résineux. Alors moi, qu'ai-je fait hier. J'ai marché dedans. Je l'ai pelletée. Je l'ai goûtée. J'ai laissé sa blancheur et sa légèreté advenir en moi. Je l'ai regardée s'envoler des toits en une poussière qui n'avait rien à envier aux poussières d'étoiles. Je l'ai imaginée ourlant les rivières et faisant lever les pierres comme lève le pain à la cuisson. Je l'ai prise dans mes mains et mes pieds, de nouveau, l'ont perçue comme ils perçoivent le sable. Je l'ai aimée.

Vendredi 8 décembre. — Où suis-je. Quel moi, soudain, me glace. Aucun. J'ai voulu me reposer et le repos n'est pas venu, que je voulais semblable à l'inaudible piétinement des fourmis dans l'herbe. J'ai aussi voulu m'étoiler, me perdre dans l'auguste scintillement des galaxies, lui aussi silencieux. À quoi bon. Au fond, il n'y a que l'écriture, la mienne, mots glissant sur le papier, pour ne pas faire de bruit.

Je me calme. L'aube se lève à peine avec plein de moineaux qui virevoltent et pépient à hauteur de fenêtre. Et puis, n'est-ce pas, je savais très bien que, me remettant à écrire, l'acuité de mes sens irait se décuplant. Alors j'entends le bon et le pas bon, les moineaux et le téléviseur d'un voisin, je vois la tristesse et la joie, toutes les deux miennes, je sens l'agréable et l'odieux, la neige à travers les murs et le soufre des mauvais souvenirs.

Écrire. C'est-à-dire ne pas écrire, aussi, tout ce qu'il y a, tout ce qui reste autour de ce qui est écrit. Je voudrais pleurer, me désâmer. Dans le choix que je fais des mots et des choses à noter, pourquoi ceci et pourquoi pas cela. J'étouffe. Je m'étrangle.

La soif d'absolu est une conne. D'abord, il n'y a pas d'absolu. Le mot existe, la chose, non. Je devrais le savoir, je l'ai déjà su. Je ne le sais plus. Enfin je pense ne plus le savoir, j'ai surtout peur de ne plus le savoir. J'ai peur. Ensuite, qu'est-ce qu'avoir soif. Je n'ai jamais connu la soif, je n'ai toujours gambadé, vagabondé, que dans les manières de me désaltérer. Or si je ne trouve pas une manière qui me convienne, je boude.

Que s'est-il passé je ne sais pas quand. Eh bien voilà : je me suis mis à aimer tout ce que je n'étais pas au moins autant que tout ce que j'étais. La commande est grosse. Je vais devoir laisser tomber des sacs. Et répudier bon nombre des prétentions de ma conscience. Je le ferai. Un homme qui ne fait pas ce qu'il a à faire est un homme mort.

9 h 20. L'heure. Voilà que j'indique l'heure. Mais le problème est strictement formel. Cela me permet de faire des pauses ou de me télescoper dans le temps, ce qui est la même chose. Et puis merde.

L'heure. Il n'empêche qu'en indiquant l'heure où j'écris je cours le plus grand des risques. Il n'y a pas d'heures pour la neige et il n'y en a pas pour le sable. Qui me comprendra un jour. Personne. Quant au risque, il est le suivant : en indiquant l'heure, on stoppe le temps. Je ne veux pas stopper le temps. Et puis, le temps, qu'est-ce. De la poudre à lessive. Du détergent.

J'écris n'importe quoi. N'importe quoi. Il fait d'ailleurs, dehors, n'importe quoi. Il fait soleil.

Samedi 9 décembre. — Qu'y puis-je. Il était évident qu'écrivant comme je n'ai pas écrit depuis deux semaines je mettrais le cap sur l'illicite en moi et que je retrouverais le chemin de mes vingt-huit ans. Voilà qui est fait. Et voilà encore ce qui, pour tout autre que moi, paraîtrait parfaitement absurde. Aussi, à cette époque, que s'est-il passé pour que je m'y réfère en toute connaissance de cause et avec la plus splendide des naïvetés. Rien. Il ne s'est rien passé. Je me suis seulement mis à regarder le monde tel qu'il était et à le contempler pareillement. Mais j'en ai déjà trop dit, je dois apprendre à me taire.

Les fleurs et les plantes ont ce matin, dans le givre des fenêtres, une allure tout à fait tropicale. J'admire. Mais je garde mes distances. Car du même coup je constate que cette végétation grise et dorée m'empêche de voir ce que les fenêtres ont justement pour fonction de montrer. Je ne vois plus la neige. Je ne vois plus les rues. Je ne vois plus les maisons. Je ne vois plus les arbres. Je ne vois plus rien, dans la nuit, de ce que j'aime.

Autre chose. Deux semaines plus tard je ne suis plus sûr du tout que je m'en irais vivre parmi les tout nus des sables polynésiens. J'ai réfléchi. Autant, par exemple, je déteste m'habiller, autant j'aime me déshabiller. Comment dire. C'est chaque fois, me déshabillant, comme si je retrouvais le doux animal en moi. Et cela, cette sensation première et dernière de mon être et de mon n'être pas, il faudrait d'abord que les tout nus m'assurent qu'ils n'y attenteront pas.

Mon pauvre moi. Il me colle à la peau comme si je n'étais pas capable de me rendre compte qu'il n'est rien, lui non plus. Il a tort, il fait fausse route. Je me moque au moins autant de lui que de tous ceux et de toutes celles dont l'image affleure, en des représentations aussi grotesques que convenues, mon cerveau.

Dimanche 10 décembre. — Je piétine. Et je me découvre sans pudeur aucune de ne pas écrire, de rester nu au milieu de mots qui n'auront jamais ni sang, ni forme.

Sacré dimanche. Il est tombé durant la nuit près d'un mètre de neige et je viens de passer une partie de l'avant-midi à la rejeter au chemin comme une vulgaire pute. Maintenant, un soleil innocent remet du froid dans l'air.

D'où vient la neige. Souvent, quand je me promène dans les flashes de mon cerveau, elle est là, elle aussi. Elle borde les routes. Elle trace des chemins qui vont des rues aux maisons. Elle pose entre les arbres et la nuit. Et moi, je la regarde.

La neige ne vient de nulle part. Elle tombe. C'est en tombant qu'elle se fait. Elle ne tomberait pas, il n'y en aurait pas. Puis, une fois qu'elle est tombée, il n'y a plus qu'à attendre qu'elle fonde.

Vrai, il est 13 h et je m'allongerais bien dans un lit à ne rien foutre qu'à foutre. Laisser venir, moi aussi.

Le sable m'a trompé. Je le voulais. Et je le voulais chaud. Avec, dans le ciel là-haut, une menace de pluie chaude elle aussi. Après tout, je m'en irai peut-être. C'est trop con de ne pas écrire comme je n'écris pas. J'ai des choses à ne pas dire. Et tant que les autres ne seront pas dites celles-là pousseront pour l'être. Quel enfer. Quand moi, tout ce que je connais, c'est le paradis. Mais l'enfer, mais le paradis, encore des mots à la noix qui ne signifient absolument rien pour mon mental. Eh oui, j'ai aussi un mental. Mais je ne sais pas où il loge. Ou plutôt si, je le sais très bien.

Dans mes poils. Et que de molécules pour en arriver là. Du gaspillage. Un détournement de l'abondance et de l'univers lui-même.

Lundi 11 décembre. — J'ai rêvé. Il s'agit d'un rêve qui était plein de choses qui n'avaient pas de bon sens et que je ne vais donc pas noter. L'Angleterre, par exemple, n'était plus une île mais un pays comme les autres, un pays continental situé au nord-est de la Libye et séparé d'elle par une mer intérieure, un large golfe, j'ai pu le voir à plusieurs reprises sur une carte géographique en couleurs. À un autre moment j'ai encore eu à m'étonner d'un quidam anglais qui marchait sur trois jambes au lieu de quatre. Ceci, néanmoins : dans mon rêve j'avais vingt-huit ans. Je le sais, j'avais, comme dans la réalité de jadis, balancé mon travail de journaliste pour en chercher un autre. Et c'est pourquoi je me suis retrouvé en Angleterre, c'est-à-dire en langue étrangère.

Mardi 12 décembre. — Il passe midi, on approche déjà de la treizième heure. Et si, me demandais-je hier soir en me couchant, entre le rien et le non-rien j'étais quand même un petit quelque chose. Rien qu'une planche oubliée au fond d'une cour. Un petit chien jappeur. Une fleur sous le ciel bleu. Une petite traînée de sable mouillé sur l'asphalte.

Je ne me connais pas. C'est pourquoi je dis qu'il n'y a rien à connaître. Je contourne la réalité. Mais comment être plus nu que nu.

Il fait un froid terrible. Disent-ils. Moi, je ne trouve pas. Je veux surtout dire que toute cette froideur largement prématurée, – 25 °C, ne me touche pas du tout. Je m'en fous. Je m'en moque.

Je persiste, je me surpasse moi-même, je continue de battre des records de non-écriture. Où vais-je tout en n'y allant pas. Nulle part, ici, là où le mot écrit supporte de tout son poids tous les autres qui ne le sont pas.

L'été, il y a des chemins de sable ou de terre battue qui passent à travers les chalets. Je les ai vus faire jadis. Et je les vois encore malgré la neige et malgré tout le reste qui s'est interposé entre eux et moi au cours des années. Ils étaient et ils sont, et ils sont parce qu'ils étaient. Ils n'auraient pas été, ils ne seraient pas. Enfin, que d'histoires pour une image qui passait.

Et dire que, si je m'en donnais la peine, je pourrais écrire des milliers de pages d'une seule coulée. Mais je me contiens, je me retiens, plus exactement : je me rétentionne.

Mercredi 13 décembre. — Avec un café et une cigarette je m'assois pour écrire. Et après. Je sens le vide, je vois le vide, j'entends le vide. Bientôt le froid lui-même, dirait-on, va se mettre à hurler. Et n'importe quel véhicule circulant à des centaines de mètres d'ici fait se froisser la neige comme du papier. Il fait froid, il fait sec.

Rien. Exactement comme si je n'avais jamais rien écrit, ce qui est probablement la vérité. Rien, encore, comme la pluie qui ne pleut pas, qui ne pleut plus. Il n'y a pas non plus de feuilles dans les arbres qu'on dit être des feuillus.

J'ai déserté, mais je ne sais pas de quel engagement ni pour quelle raison.

Là-bas, à des années-lumière de moi, dans le moi de mon moi, des choses subsistent sans durer et durent tout en n'étant pas. Un bordel. Un lit défait avec plein de plis dans les draps. Et sur le sol quelques vêtements épars, slip, chaussettes, jeans.

Voilà, écrire autre chose en ce moment serait abuser.

Jeudi 14 décembre. — Je ne suis pas un petit quelque chose et je ne suis pas rien non plus. Je suis moi. Et ce n'est pas vrai non plus que je ne me connais pas. Je me connais très bien. Je sais où je vis, comment je vis et à quel moment je vis. Et je sais encore que la seule raison que j'ai d'être continuellement en maudit vient de mon manque d'intelligence. Bien sûr et quand on m'en donne le temps j'arrive à comprendre tout ce qu'on porte à mon attention. Mais, justement, il me faut du temps. Aussi et au rythme où vont les choses je serai mort depuis longtemps et je ne le saurai pas. Quelle soupe.

Et si je manquais d'intelligence par manque d'angoisse. L'angoisse, la peur, l'anxiété, autant de refuges que je viens de passer des années à explorer mais en vain. Je ne dois pas avoir beaucoup de cœur non plus.

Hier, par exemple. Je ne me rappelle pas avoir passé une journée dans un spleen aussi profond que celui qui était le mien quand je me suis levé et qui était toujours là quand je me suis couché. Chose plus étrange encore, j'avais parfaitement conscience de mon état. Or tout autre que moi, dans les mêmes circonstances, aurait protesté. Non, moi j'ai simplement attendu que le spleen s'en aille comme il était venu. C'est d'ailleurs ce qui est arrivé, il s'en est allé avec la nuit. Le sommeil en guise d'incinérateur.

Vendredi 15 décembre. — J'écoute le vent. Il a l'air furieux. Bref, depuis un mois, une tempête de neige n'attend plus l'autre.

Je n'écris vraiment pas beaucoup. Et encore, le peu que j'écris est pour dire que je n'écris pas. Je suppose que j'ai mes raisons. Mais je ne veux pas les connaître, pas tout de suite. D'un autre côté qu'est-ce qu'attendre quand il n'y a rien à attendre.

Je fais un drôle d'écrivain. Je voudrais qu'on m'assure que plus personne, jamais, ne publiera ce que j'écris. La paix, la sainte paix telle qu'on la trouve dans l'herbe et dans le sable. Ou dans la flamme d'une chandelle.

Et dire que je suis en train de laisser passer l'occasion d'aller deux semaines en Nouvelle-Angleterre pour écrire que je n'ai rien à écrire. Mais là encore j'imagine que j'ai mes raisons. Mon pauvre moi. Et pourtant c'est le mien.

Samedi 16 décembre. — Voilà, encore une fois je ne sais pas avec quel sujet et quel verbe faire une phrase. Aurais-je honte de moi. Qu'ai-je fait. Que n'ai-je pas écrit.

J'ai déserté. Un jour, j'ai regardé le monde et j'ai vu qu'il n'était pas du tout comme on disait qu'il était. Le monde est vrai, lui. Seul le cerveau des hommes fabrique de la fausseté. Allez savoir pourquoi cependant puisque cette demande d'explication est elle-même une tricherie.

Dimanche 17 décembre. — Calme hivernal. Après deux longues journées où il n'a cessé de venter et de neiger les choses, ce matin, sont retombées dans le silence. Calme hivernal et dominical, apaisant. J'écrirais longuement, en m'appliquant comme un écolier et sans me préoccuper du temps qui file.

Un moment, cette nuit, je me suis demandé si je me rendrais jusqu'au matin. J'étais heureux, gavé et dans un état de contemplation tout à fait impropre au sommeil. J'ai quand même dormi quelques heures. Puis, à mon lever, assis tout nu et en sauvage dans mon lit, j'ai essayé l'un après l'autre les seize chandails que Marc m'a apportés des États-Unis hier. Seize. Encore une histoire à ne pas croire. D'un autre côté, je me soucie des incrédules et je n'écrirai plus jamais rien. Aussi qu'avais-je à demander la semaine dernière à ma sœur Suzanne qui habite à Bristol, au Connecticut, de m'envoyer par son fils Marc venu skier au mont Sainte-Anne un chandail qu'on ne portait plus là-bas. Seize. Quatorze usagés et deux neufs. Ils me vont tous. Or le moi de mon moi divisé par seize, cela donne bien seize moi. J'ai honte. Il y a tant de gens qui n'en ont pas même un seul. Et encore, je ne tiens pas compte de la gamme infinie des coloris de ces chandails qui me vont tous eux aussi à ravir. Enfin cela m'apprendra à tant rêver et rêvasser de nudités.

Qu'écrirai-je d'autre. Rien. Car si je me mets à lire les étiquettes et à donner les recettes de l'immense nourriture qui accompagnait les chandails, je mourrai d'obésité métaphysique avant la fin du jour. Me taire. C'est encore ce que je sais le mieux faire.

Lundi 18 décembre. — Hier encore et aussi ce matin j'ai rêvé d'histoires dans lesquelles je reprenais mon métier de journaliste, celui qu'à l'époque, à l'approche de mes vingt-huit ans, j'avais exercé pendant environ deux ans et demi. C'était donc il y a vingt-cinq ans. Je ne suis pas troublé. D'abord ces histoires m'ont offert une image plus qu'honorable du moi de mon moi. Ensuite elles ont redonné un corps, une apparence physique à l'homme que j'étais à ce moment-là. Enfin elles m'indiquent nettement que je sors grandi de tout ce qu'a été ma vie depuis. Un exemple pris dans le rêve d'hier qui se terminait dans un climat de révolution et de batailles de rue. Eh bien je n'ai pas hésité une seconde à me porter à la rescousse de deux tout nus à la peau rouge argile qu'on était en train de massacrer. Évidemment la plupart des journalistes que j'ai connus ou que je connais se seraient contentés d'observer et de noter les faits. Moi, non. J'ai trouvé normal et juste d'entrer dans l'action et de manifester ainsi que je n'étais pas dupe des arguties idéologiques qui avaient en même temps cours dans les salles de rédaction et sur les promontoires où se tenaient, retranchés de la vraie vie, les autres journalistes. Mais dans quoi je m'embarque encore. Me taire moi aussi.

Mardi 19 décembre. — Je viens de dormir douze heures d'affilée. Et là je me cherche : où suis-je, qui suis-je, qu'est-ce qu'être rien, qu'est-ce que ne pas écrire. Ô brumes, ô nuages, ô pluie. Il fait soleil. Et j'ai aussi à décider quel chandail je porterai aujourd'hui. Me vêtir. Je déteste me vêtir. Je m'habille et je me retrouve aussitôt sans âge, en tout cas je perds celui qui est le mien quand j'écris.

Et alors. Pourquoi vingt-huit ans, pourquoi pas dix, pourquoi pas cinquante. Parce que.

Et si je retournais dormir une heure ou deux. Ou bien j'allume une chandelle. Ou encore je me douche. J'opte pour la douche. Faire de moi un tout nu mouillé.

Mercredi 20 décembre. — La nuit dernière j'ai regardé les glaces sur le fleuve depuis le traversier qui relie Lévis à Québec. L'eau était noire. Et si puissantes, les glaces, qu'il a fallu que le bateau s'y prenne à quatre reprises pour accoster.

J'écris avec une nouvelle plume, une Micro Ceramic Pen à encre noire que m'ont donnée hier soir Johanne et Denys. Elle écrit bien mais je ne pense pas pouvoir la tolérer longtemps, sa pointe fait du bruit en touchant le papier, comme si elle voulait l'égratigner. Avec mon stylo Bic, rien de tel, on n'entend rien et la douceur n'est pas haïe.

Presque un mois plus tard, soit depuis que j'ai commencé à désécrire dans ce cahier, je ne sais toujours pas quoi écrire. Quelle fin de siècle, noterais-je si je n'étais pas rien. Mais le fait est que je n'en ai pas connu d'autres et que je ne me sens pas habilité à en dire quoi que ce soit.

Je ne sais pas où aller, je ne sais pas quoi faire. Je ne m'ennuie pas, je souffre. Et pourtant il y a du bonheur dans mon cœur.

Non seulement la Micro Ceramic Pen fait-elle du bruit, elle vibre. C'est désagréable. On dirait un grain de sable se déplaçant sur une vitre par la toute-puissance de sa propre pesanteur. Vie lourde, trop lourde. Moi, j'aspire à plus léger.

Ou bien c'est moi qui ne veux pas écrire avec une plume, j'appuie trop là où je devrais laisser glisser.

Jeudi 21 décembre. — Il a encore neigé. De la neige qui, une fois posée sur le sol, fait la coquette, la douce, du vison.

Je laisse tomber la Micro Ceramic Pen. C'est dommage, j'aimais son style un peu Mont Blanc et son encre noire comme le pétrole, l'impression qu'elle me donnait, également, de dessiner les mots, les lettres, plutôt que de les écrire. Mais tout cela me distrait de mon propos qui est de ne rien dire. Tant pis.

J'ai drôlement dormi. Je pense même avoir fait un petit voyage astral. Alors on ne rêve pas, on visite simplement à des vitesses fulgurantes d'autres contrées. Même si la voie des airs est recommandée on n'a pas à se demander si on est oiseau ou avion. Le corps vole, c'est tout. Aussi moi, dans ces sorties-là, j'aime surtout remonter les fleuves et les rivières. C'est ce que j'ai fait cette nuit. Un moment j'ai pensé que j'étais en Chine. De larges embarcations à voile glissaient sur une eau aussi lisse que l'huile est lisse. Et les montagnes, tout autour, atteignaient des proportions gigantesques, grandioses.

Et j'ai rêvé. Il y a eu un rêve entre autres où Uriel et moi, attablés dans un restaurant-terrasse, avons eu une longue conversation sur tout ce que j'ai écrit depuis vingt ans. En gros ce Néo-Brunswickois plus nationaliste que les Québécois qui le sont disait ne pas comprendre pourquoi, moi, j'avais cessé de l'être. Un instant, d'ailleurs, nous nous sommes demandé si je l'avais même jamais été. À quoi j'ai répondu par un grand sourire satisfait. Mais Uriel, c'est encore l'époque où j'étais journaliste, un peu avant que j'atteigne mes vingt-huit ans. Nous travaillions au même journal. Et je me rappelle encore que sa copine se prénommait Armande et que tous les deux attendaient impatiemment que baisse le prix des premières caméras vidéo afin de pouvoir s'en acheter une et filmer des choses.

Samedi 23 décembre. — Délibérément, sauvagement, je n'ai rien écrit hier et je vais faire de même aujourd'hui.

XIX

Beauport, mercredi 27 décembre 1995. — C'est la fin de la soirée. Dure soirée et nuit pénible en perspective. J'habite un deux pièces et demie. Le voisin du dessous a fait cuire je ne sais quelle mixture dont les effluves nauséabonds ont commencé à gagner les autres appartements et le grand hall d'entrée vers 20 h. Il sera bientôt minuit et l'odeur de pourriture, loin de s'atténuer, ne fait qu'empirer. Le propriétaire du bâtiment et moi avons essayé d'aérer les lieux en ouvrant portes et fenêtres. En vain. Il fait froid dehors mais il ne vente pas. Je vais donc devoir composer avec cette peste durant les prochaines heures. J'ai appris à le faire trois ou quatre fois depuis un mois. Mais cette fois est la pire. En plus, elle se produit à une heure où il est bien difficile de chercher refuge à l'extérieur. Enfin je ne trouve pas d'autre terme pour décrire l'état dont je prends conscience toutes les cinq minutes environ que celui de nausée. J'imagine que je pourrais vomir. En même temps je ne vois pas comment le fait de me désâmer changerait quoi que ce soit à l'atmosphère ambiante. En un mot comme en tant d'autres que je pourrais aligner je me sens piégé,

piégé par un vieil homme de soixante-dix ans dont je comprends intuitivement, depuis son arrivée il y a quelques semaines, qu'il ne peut pas d'une part supporter son isolement à en juger par l'usage intempestif qu'il fait de son téléviseur, et qu'il a d'autre part acquis des habitudes alimentaires qui remontent à une autre époque sinon à une autre culture que les miennes, à moins qu'il ne s'agisse d'un mal élevé doublé d'un salaud tant il est vrai qu'on finit par se lasser de trouver des excuses à ceux qui vivent comme si les autres ne vivaient pas. Lui, il s'appelle Lucien Lessard. Moi, c'est Jean-Pierre Guay. J'aurai vingt-huit ans dans quelques mois. Bon, et voilà maintenant que j'entends gratter comme grattent les rongeurs. Je n'habite pourtant pas un taudis, loin de là. Quel karma. Le mien.

Minuit. Il est rare que je sois debout à pareille heure, ayant pris l'habitude depuis de nombreuses années de me coucher vers 22 h. D'un autre côté il est bien vrai que je m'étais mentalement préparé toute la journée à écrire comme je suis en train d'essayer de le faire. Curieuse résolution. Elle m'est venue, je pense, en réaction à la lecture de quelques pages du livre d'Aldous Huxley, *Les Portes de la perception.* Je ne sais trop, c'est comme si j'en avais eu soudainement assez de mes silences aussi peu justifiés que le seraient les arbres de laisser pousser leurs feuilles sous la terre et uniquement là. Je dois parler, je dois dire les choses comme elles sont, en tout cas comme elles sont en moi. Autrement ce ne serait plus la peine de vivre. Je respire quand j'écris. Quand je n'écris pas je ne suis rien. Maintenant, quel rapport réel, de mot à mot, y a-t-il entre ce qui précède et le livre d'Huxley. Pour tout dire je n'ai pas l'intention de l'établir. Outre que l'entreprise serait complexe elle passerait nécessairement à côté de l'essentiel. Je me connais. Je suis, dans mes lectures, le plus vagabond des hommes. Là, je ne suis l'homme d'aucun domicile fixe. Et c'est pareil quand j'écris.

Vendredi 29 décembre. — Un enveloppement. Comme si les choses, les êtres et les événements, cessant de défiler devant moi, de faire la queue ou une ligne, comme si tout cela donc contribuait maintenant à former une sorte de liquide amniotique autour de moi mais aussi en moi. Voilà ce que je ressens en permanence depuis quelques jours. C'est bon. En ce moment par exemple où nous sortons à peine de la nuit, même le téléviseur tapageur du voisin Lucien Lessard me laisse indifférent. Et c'est pareil si je me tourne du côté de mon en-dedans, plein de choses vont et viennent que je regarde aller et venir, sans plus. Je me sens béni, choyé, gâté. Seule anicroche : mes yeux. J'ai besoin de verres pour voir au loin, j'en ai besoin d'une autre sorte pour voir de plus près. Mais ni les uns ni les autres ne me donnent une vision globale et claire du cahier dans lequel j'écris. Et si, par ailleurs, je manquais surtout de concentration. C'est fort possible. Enfin la sensation de baigner dans un liquide amniotique n'est peut-être elle-même pas étrangère à ces troubles de la vue.

Samedi 30 décembre. — Je n'ai pas fait grand-chose hier, rien lu, peu écrit. Mais ce n'est pas important.

L'important, ces jours-ci, est la guerre sournoise que me livre mon destin, mon karma. D'une part il comble mon esprit de tous les ravissements imaginables. D'autre part, cependant, il s'acharne sur mes sens comme un gosse en colère. Je ne sais pas ce que je lui ai fait. Il ne veut peut-être pas que je parle de lui. Mais alors qu'il s'en aille. Personne n'a besoin d'un destin pour vivre. Il ne s'agit là que d'une autre des belles illusions des pays d'en haut. En attendant Marcel Racine, mon propriétaire, et moi avons hier après-midi pénétré dans l'antre du citoyen Lessard à la poursuite des odeurs infectes qui continuent de se répandre dans le bâtiment comme un nuage monothéiste. Nous avions déjà versé des désinfectants liquides et granuleux dans les murs, le long de la tuyauterie, des appartements 1 et 5 situés respectivement au-dessous et au-dessus (celui-ci, le 5, est en l'occurrence le mien) du foyer de toute l'histoire, le numéro 3. Lessard ouvre sa porte, lui : vous voyez, ici on ne sent rien. Le salaud. Racine et moi n'avions pas encore franchi le seuil de l'abîme que nous nous regardions pour savoir lequel de nous deux allait le premier vomir dans les mains de l'autre. Bref ce que Lessard a pu faire de son deux pièces et demie en moins d'un mois est indescriptible. De la nourriture et de la vaisselle sale à la traîne partout. Les planchers noirs. Des amoncellements de guenilles et des empilages d'objets aussi disgracieux qu'inutiles. Lessard : vous savez, moi je ne sens rien, j'ai été opéré dans le nez à l'âge de quarante ans et, depuis, je ne sens rien. À d'autres. Il venait juste de nous dire, quelques minutes plus tôt, qu'il avait lui aussi remarqué que le hall d'entrée sentait mauvais depuis quelques jours. Un salaud et un menteur. De toute façon, quand on ne sent rien, on s'abstient de manger des escargots et des oignons, une boîte des premiers gisait, non rincée, sur le comptoir, une caisse pleine des seconds débordait d'une armoire. Puis, tout à coup, au milieu des brumes pestilentielles dont nous essayions de détergenter quelques recoins, j'entends mon Racine traiter son Lessard de «bon gars comme vous». Pour dire qu'il n'y a pas eu d'affrontement, d'engueulade, de protestation, de discussion. Nous étions anéantis. Je le suis toujours ce matin. Car enfin, comment dire à quelqu'un qu'il mange mal, qu'il ne mange pas comme il faut, qu'il ne mange pas bien. J'ai regardé Lessard droit dans ses yeux de soixante-dix ans à plusieurs reprises. Il m'a très bien compris. Il sait que je ne suis pas dupe de ses simagrées. Il sait aussi qu'il ne pourra pas compter sur moi pour l'aider à quitter un endroit qu'à l'évidence il exècre, et que sa tête de cochon en a trouvé une à sa mesure.

Vendredi 5 janvier 1996. — Les grands froids de l'hiver ont commencé. C'est la période, qui couvre généralement tout le mois de janvier. De son côté, le ci-dessous mal élevé Lucien Lessard continue de nous écœurer avec son téléviseur : visiblement il n'écoute que les émissions des madames folles de leur pensée dépensante, voix stridentes et hystériques qui courent dans les boiseries de la maison à la recherche d'un néant certain mais hélas jamais atteint. Que faire. Un moment, en début de semaine, j'ai cru que ce con s'en irait, emportant avec lui ses bruits et ses odeurs d'un autre monde. Plein de gens sont venus le voir et on l'entendait chaque fois gueuler des non virils pleins d'expérience et de vécu. Cette engeance est la plus redoutable. Elle éveille des rêves d'euthanasie prématurée, d'hygiène sociale. Elle nous rend petits, médiocres. Elle fait paraître le désir de silence et de recueillement comme un crime. Elle dénature tout. Présentez-lui des enfants, elle les glorifiera. Faites-lui un bout de conversation, elle vous enchaînera dans son récit du bon vieux temps. Tenez-lui tête, elle vous peaufinera la soumission respectueuse. De la merde. L'autre côté de la médaille est évidemment que je persiste à essayer de composer avec ce débris. C'est pourtant sans issue, on ne fait pas du jus d'orange avec des viscères d'inculte. On n'embaume pas les égouts. Je garde néanmoins le cap sur l'idée toute simple que le locataire Lessard, visiblement malheureux au milieu de gens raffinés, finira par trouver ailleurs une porcherie à sa mesure et à son image. Et voilà pour cette journée qui commence à peine.

XX

Beauport, lundi 12 février 1996. — J'ai à rédiger quelques petits textes d'accompagnement pour quelques-unes des œuvres que Lauréat veut reproduire dans le catalogue qu'il est en train de faire de lui-même. Et je me dis que voilà encore une chose à laquelle je ne comprends rien. Moi, je suis un candide. Aussi, chaque fois que je vois un artiste contraint de faire la promotion de son propre travail, ma conscience se fige. Or je n'aime pas avoir la conscience figée. Plutôt mourir. Ou m'en aller. Mais où irais-je. Nulle part. Je n'ai nulle part où aller. Je ne crois pas à l'exil, je n'y ai jamais cru. Je suis un con. En attendant j'ai quand même ces lignes lauréates à écrire. Aujourd'hui. Là, maintenant.

Lauréat a téléphoné hier matin. J'ai proposé de passer à son atelier, rue De La Salle, aujourd'hui ou demain mardi, lui : attends, je regarde dans mon agenda. Quel agenda. Je n'ai pas, moi, d'agenda. Il est vrai que je ne suis rien, que je n'ai rien. Mais ce n'est pas une raison pour que les autres me fassent chier avec leur emploi du temps. On manque de culture. On aurait pu consulter son agenda sans me dire qu'on le consultait. Lauréat m'a aussi et encore parlé d'un architecte qui le presse depuis des mois d'achever ceci ou cela, une murale, un vitrail. Je n'en ai rien à foutre. Je n'ai aucun respect pour les architectes, je les trouve suffisants et eux aussi profondément incultes. Des bourgeois dans le plus mauvais sens du terme. Je suis donc malheureux. Je n'aime personne, comme on m'a déjà écrit.

9 h 45. Venant de finir d'écrire n'importe quoi sur ses gouaches, peintures et sérigraphies, j'ai téléphoné à Lauréat pour lui demander si nous ne pourrions pas nous voir aujourd'hui plutôt que demain. Non. Il a une réunion. S'il m'avait dit : j'ai à peindre toute la soirée. Au contraire, il va fermer son atelier plus tôt pour se rendre à sa réunion. Je suis déçu, ce n'est pas si souvent que je prends l'initiative de proposer moi-même la journée et l'heure d'une rencontre. Et voilà ce que c'est que de vivre sans agenda, on en vient à imaginer que celui des autres est une pure fiction. Une réunion. Pour ne pas quoi dire, pour ne pas quoi faire. Je suis doublement déçu. Je pensais qu'un peintre ayant un agenda n'avait d'agenda que pour peindre encore et toujours plus. Je suis bourré d'illusions, je suis prêt à être bouffé comme du gibier faisandé, mortifié, mariné.

Mardi 13 février. — J'ai dîné hier soir au Krieghoff, avenue Cartier, avec Denys qui m'a offert le repas comme il le fait presque chaque semaine depuis l'été dernier. Ce n'était pas une réunion mais une «sortie littéraire» comme Denys appelle ces escapades hors de l'ennui quotidien. Nous arrivons vers 17 h et nous quittons à 19 h 45 pile, Denys ayant à prendre à 20 h 30 le bateau qui le conduit à Lévis où il habite. Avons-nous parlé. Lui, oui; moi, pas du tout. Je n'arrive même pas, chaque fois que nous nous voyons, à dire que je n'ai rien à dire. J'ai essayé. En vain. À sa librairie, au restaurant, chez lui, il n'y a jamais moyen d'interrompre ce goujat. Il m'a souvent dit qu'il n'avait eu de cesse, durant ses études, de chercher le secret de l'univers. Et il m'a tout aussi souvent dit qu'il l'avait trouvé. C'est vrai. Il ne rate pas une occasion de le raconter et de le radoter. Et le pire est qu'on le croit. Quelle merde. Je vis entouré d'incultes et de prétentieux. Et je me laisse faire.

Mercredi 14 février. — Je suis vraiment nul. J'ai vu, hier, Lauréat, son atelier et ses œuvres. Je lui apportais la vingtaine de lignes écrites lundi sur *Continuum, Joie, Folle errance* et *Enveloppe.* Il a tout de suite trouvé qu'il y en avait trop. Alors, avant même qu'il les lise mais en d'autres termes, je lui ai dit que le rien pouvait lui aussi être réduit à rien, bref qu'on pouvait couper. Il était content. En échange il m'a donné, encadrée, la 15e des quarante sérigraphies intitulées *Triangles.* Il s'agit d'un triptyque dont le troisième volet, pas mobile du tout comme il est dit dans le dictionnaire qu'il devrait l'être, est reproduit en page couverture ainsi qu'à la page 103 de mon *Cthulhu, la joie* édité par Le Loup de Gouttière en 1993. C'est d'ailleurs dans un hôtel du Saguenay, en lisant mon manuscrit et en dormant de longues heures alternativement, que Lauréat, à même le plancher de sa chambre, a conçu cette œuvre. Il me l'a raconté de lui-même, je ne lui ai rien demandé. On se fait néanmoins des idées. Il aurait pu ne pas être fatigué. Et puis Cthulhu était un berger allemand, pas des feuilles, une fleur, du gravier, la terre grise et bien tapée sous le gravier, un rectangle et un carré. Et son cadre de vie n'était pas bleu, c'était moi. Lauréat m'a encore confié en mangeant au Le-An, rue de la Couronne, que *Triangles* était techniquement la plus réussie de ses sérigraphies. Qu'en sais-je et puisque j'ai le droit, moi aussi, d'être un béotien. Mais je suis d'accord avec Lauréat sur un point : les reproductions de *Triade,* d'*Iris 4, d'Iris 5,* de *Triangles* et d'*Iris 7* dans *Cthulhu, la joie* sont des délavées. On a franchement lésiné sur la couleur. Me ressaisir malgré tout. J'ai assez de mes propres souffrances, que Marois se démerde avec les siennes. Qu'il les coupe, elles aussi.

Jeudi 15 février. — J'ai déjeuné hier après-midi avec Michel au D'Youville, avenue Cartier. Un moment j'ai cru qu'il allait me refaire le coup de mettre sa main devant la bouche pour me parler. C'est insupportable. C'est mal élevé. Quelle sorte d'amis ai-je donc. Enfin cette fâcheuse tentative de se rendre inintéressant n'a-t-elle duré, cette fois-ci, que quelques minutes. Il n'empêche, il a constamment fallu par la suite que je demande à Michel de me répéter des choses qu'il me disait moins qu'à mi-voix, qu'il se susurrait plutôt à lui-même en direction de son seul cerveau. Résultat, je serais bien en peine de retrouver ce matin le fil d'une conversation qui a pourtant duré plus de trois heures. À moins de m'en tenir à ce que moi j'ai pu dire.

Hélas, il y a longtemps que je me suis rendu compte que je parlais toujours dans le vide et au vide et de telle sorte qu'on ne verra même pas la différence quand je serai mort et ne parlerai plus du tout.

Michel. Il pense que je comprends tout ce qu'il me dit. Je ne comprends pas. La marge de non-dit, d'inexprimé, reste trop grande, trop vaste, un désert de neige dans le prolongement d'un désert de sable. Parfois j'arrive à faire quelques pas avec lui et je nous imagine, silhouettes minuscules, marchant vers l'horizon lointain. Mais, alors, qui sommes-nous. Une image ou une réalité. Des pensées d'être ou des êtres de chair et de sang. Un jour, on inventa le téléphone. Et un autre jour Michel s'en empara. C'est un téléphonique. Mais cela aussi je n'y comprends rien. Les centaines sinon les milliers d'heures à converser ainsi. Moi qui hais le téléphone au moins autant que monter des côtes à pied. D'où venons-nous, où allons-nous. Je pose beaucoup de questions. Mais je suis las de l'horizon. Les horizons ne finissent jamais. Moi, ce que j'aime, c'est le sable et la terre noire quand il pleut chaudement et doucement dessus. Et mes pieds nus dedans. Lui, je ne sais pas. Il dit ou à tout le moins laisse entendre que c'est la même chose. Je ne le crois pas, je ne le crois plus. Encore une question : et si, au fond de moi-même, je ne l'avais jamais cru. On dit que l'amour est aveugle. Et l'amitié donc.

Je suis un sans allure. J'écris sur les gens comme s'ils n'étaient rien ni personne. Je le fais sans pudeur. Et sans éthique, gueule partout le poète nationaliste Gaston Miron. Bof, je ne peux pas être en tout un homme bien élevé comme Lauréat a dit mardi soir que j'étais. D'ailleurs, je ne suis pas non plus un bien élevé. Je serais un bien élevé, je n'aurais pas fait la connaissance de tous les tordus qui sont mon lot quotidien. Je leur fais traverser la mer Rouge, les buissons prennent feu partout où je passe, et qu'est-ce qu'ils me donnent en échange. Des livres et des repas. À l'occasion une sérigraphie. Et beaucoup de paroles qui ne mènent nulle part. Il faudrait que je fasse tout moi-même. Tas d'orgueilleux. La mer des Joncs va se refermer sur eux et ils en seront encore à se demander s'ils étaient en train de la traverser ou de s'y laver. Des malpropres. Des raisonneurs. Alors pourquoi me gênerais-je. Évidemment, moi, c'est moi. Quoi que je fasse ou dise, on ne sera jamais content que je le dise ou fasse. C'est encore Lauréat qui me disait il y a un mois que les gens autour de lui me voyaient comme un mythe, lui : tu es un mythe, ils te craignent, ils ont peur de toi et ils ont raison d'avoir peur. La petitesse est parfois grande. En étendue.

Vendredi 16 février. — Je suis allé voir Denys à sa librairie, rue Myrand, hier après-midi. Il y a tellement de livres empilés à la va comme je te pousse qu'il n'y a plus d'endroit où mettre le pied sans en écorcher ou de bulle d'air où respirer sans avaler de la poudre de papier. C'est le bordel, le chaos, le big bang. C'est peut-être bien, aussi, le secret de l'univers. Denys l'a trouvé et loin de le cacher, comme plusieurs autres, il l'étale, cochon, poussiéreux, masturbatoire. Mais ce n'est pas le pire. Le pire, quand j'entre là, est qu'il m'est formellement interdit de regarder les livres, leurs titres et le nom de leurs auteurs. Non, je dois absolument me tenir debout, les fesses serrées, des heures durant et à quelques pas du grand prêtre en train d'officier, c'est-à-dire de faire la leçon à tous ceux qui, ouvrant la porte de la librairie, ont l'audace ou l'outrecuidance d'enjamber les boîtes de livres contre lesquelles leurs pieds butent aussitôt. C'est anal. Chose curieuse, cependant, on ne sent pas la merde probablement contenue dans une autre dimension par une sorte de phénomène de contre-substantiation qui ferait naturellement passer la matière dans l'antimatière. Je crois que je suis à la veille d'être écœuré. Ce n'est pas vrai qu'il n'y a pas dans l'univers de rocher ou de souche pour s'asseoir et souffler un peu. Denys peut dire tout ce qu'il pense ou dépense, ce n'est pas demain la veille que je me laisserai séduire par son apocalypse toute personnelle et, somme toute, puérile. Et si c'est là le secret de l'univers je préfère rester, comme Marc et lui, Denys, se sont dits l'autre jour que j'étais, un ange. Les cons. Je ne suis pas un ange. Je suis moi.

Lundi soir 19 février. — J'arrive de Montréal. J'étais chez Chantal et François, rue Prince-Arthur Ouest. Je ne sais plus quoi penser d'eux. J'ai couché là samedi et dimanche. Je m'étais dit qu'avec les années les conditions d'accueil changeraient. Pas vraiment. Il y a une toute petite flamme sans odeur ni tressaillements pour nous éclairer durant les repas. Quant au lustre et autres lampes ils obscurcissent la pièce, par ailleurs immense et presque gothique, plus qu'ils ne l'éclairent. Et je ne parlerai pas de la causeuse aussi inconfortable que défraîchie, ce dont on s'obstine manifestement à ne pas s'apercevoir. Enfin il n'y a pas d'autre lit dans tout l'appartement que, dans leur chambre, le leur, un lit de parents. Mais ce n'est pas là non plus que je couche. Pour me trouver dans la nuit de samedi à dimanche, il aurait fallu écarter le rideau qui ne ferme qu'à demi le réduit qu'on trouve près de la porte d'entrée et qui jouxte le salon. Il y a un grabat dans un coin, une paillasse de foam, de mousse synthétique aussi froide que le plancher de bois sur lequel elle est directement posée et qui est situé exactement au-dessus de la porte d'entrée de cette grosse bâtisse victorienne à logements. Au froid inhumain des nuits d'hiver s'ajoutent donc, pour les grabataires de passage, les voix tonitruantes de la faune estudiantine qui hante jusqu'à l'aube ce quartier universitaire et l'édifice même où mes pseudos amis ont élu domicile. Aussi, d'autorité, dimanche soir, j'ai déplié le siège de la causeuse qui peut aussi se transformer, dans les cas d'urgence, en lit de secours. La chose a trois panneaux à la manière des triptyques. Or le premier, l'immobile, est inutilisable. Il est fait de bois aussi dur que la caboche de François Tétreau. Il en reste donc deux, du même matériau que l'atroce grabat du réduit, pour recevoir, le premier un dos, le second des fesses. En d'autres mots j'ai dormi les jambes sur le plancher qui n'était pas vraiment plus chaud que dans l'autre pièce la nuit précédente. Je suis un minable. Et je me dis que c'est bien la peine de dormir nu quand les seules attentions qu'on a pour vous sont de vous châtier et flétrir la chair. Et c'est ainsi depuis six ou sept ans, je ne compte plus mes calvaires. Cette fois, néanmoins, on m'a assuré qu'on venait d'acheter un aspirateur électrique. De toute façon Chantal continuait dans cette voie tout à fait salope et on n'aurait plus voulu d'elle dans l'enseignement à l'Université McGill pour cause d'asthme chronique et de peau indélicate. C'est une chose que je constate depuis quelques semaines : qui me veut ou fait du tort, le tort se retourne contre elles ou eux. Il faut me laisser vivre.

Mardi 20 février. — La veille de mon départ pour Montréal, vendredi après-midi, Paul a téléphoné. Il m'a déçu. Je le croyais au lit en train de fiévrer sinon de trépasser. Il a insisté pour venir me porter sur-le-champ du scotch, une affaire vieille de douze ans. Quand il est arrivé cependant, quand je lui ai ouvert la porte, il ne m'a même pas regardé, il a tout de suite traîné ses bottes sales et mouillées vers le triptyque de Lauréat. Je n'existais plus. Les visuels sont ainsi, les gens n'ont aucune importance pour eux, ne comptent que les images que partout où ils vont et quoi qu'ils fassent ils mettent entre la réalité et la gélatine qui leur sert de cerveau. Paul a une haute image de Lauréat. Il dit qu'il est, comme moi, un pur. N'importe quoi. Je ne suis pas un pur. Si j'étais un pur je ne serais pas allé ensuite avec Paul et après avoir avalé quelques millilitres de son Glenlivet manger du poulet rôti au Buffet Royal qu'il y a à quelques pas d'ici. Le poulet était bon. Ce qui le fut moins, ce fut l'entrée théâtrale de Paul, lui, en tapant des pieds et en brisant de sa voix presque mironnienne le murmure civilisé de la trentaine de personnes qui étaient en train de manger : ah, un restaurant avec des banquettes, j'adore les banquettes. J'étais gêné. Et j'appréhendais déjà la suite. J'ai en effet remarqué depuis quelque temps que Paul parlait en mangeant. On voit tout. C'est dégueulasse. Au lieu de quoi, vendredi soir, et presque avec recueillement, il s'est mis à parler de sa mère et de la soupe au pois qu'elle faisait si bien, elle. Enfin en a-t-il commandé pour comparer. Je fréquente des imbéciles.

Mercredi 21 février. — C'est encore la nuit. Il pleut. Si je ne voyais pas tant de monde j'écrirais plein de bonnes et douces choses. Pierre, hier, par exemple. Il est arrivé vers 13 h et il n'est reparti qu'à 21 h. Et qu'avons-nous fait. Rien. Il est nul. Denise Desautels, la poète montréalaise, m'a déjà dit qu'elle avait eu un conjoint dans le même genre. Du jour où ils s'étaient mariés son mari ne lui avait plus dit un seul mot. Elle a beaucoup souffert. Mais pas autant que moi. Pierre, lui, si je lui demande de parler, il parle. Mais c'est pour s'enfoncer encore plus loin dans son crétinisme. C'est un crétin. Il s'imagine que l'univers lui doit égards et soumission. Je suis bien bon de l'aimer, il ne le mérite vraiment pas. Il me châtre. Des milliers d'élans vers lui ont invariablement sombré dans la dyslexie. Il débande tout, il se débande lui-même, je le hais. Et si on se demandait pourquoi je ne suis pas en train de dormir, on en aurait ici la raison. Évidemment, j'ai de l'entraînement, je viens de passer deux nuits à Montréal sans dormir. Quoi faire. Quelle main laisserais-je me masser délicatement le front pour me soulager un peu de ma tristesse. Je n'en connais aucune. L'inventaire que je dresse depuis dix jours est éloquent. Il y a eu le naufrage du Titanic qu'on peut encore entendre sur une musique de Gavin Bryars. Il y a maintenant le mien. Or ce n'est pas ainsi que je voulais mourir. Je voulais me tenir debout au milieu des arbres. Entendre moi aussi couler de l'eau, mais celle d'un ruisseau. Et passer ma langue sur un caillou fraîchement cueilli dans un sentier. Je n'ai d'ailleurs pas renoncé à tout cela. C'est impossible. Ce serait suicidaire. Pierre est peut-être le pire des salauds qui me font l'honneur d'abuser de moi, il n'est pas né celui qui kleenexera mon existence. Il ne naîtra pas. C'est trop tard. Je suis là pour rester.

9 h. Il continue de pleuvoir rondement. J'ai dormi quelques heures et rêvé que je dévalisais des dizaines de fois et impunément les banques à l'heure exacte de leur fermeture et au moyen d'une carte de guichet et du code 3 000, 30 000 ou 300 000, je ne sais plus très bien lequel, et qu'après, après bien des poursuites à pied ou en auto dans les rues et de fréquents retours à mes appartements ou refuges gorgés de pièces d'or, Paul Léautaud vieilli mais toujours maître de sa faconde se retrouvait à ma place en prison où j'allai lui rendre visite pour lui faire dire ce qu'il avait à dire sur tout et sur tous. Quel bonheur. J'aime les rêves des sommeils reportés. Ils sont plus cinématographiques que les autres, ceux des sommeils subis, plus sincères, plus justes. Ils vivifient, énergisent. Surtout, ils montrent où on va et non d'où on vient. Ainsi la prison où je trouvai Léautaud est-elle manifestement la préfiguration de la promiscuité que mes connaissances et amis travaillent bénévolatement à édifier devant moi, et le vol des banques, un juste

retour des choses puisque durant les quatre dernières années elles m'ont elles-mêmes volé tout ce que je possédais, une valeur, les intérêts compris, d'environ 150 000 $, ce qui n'est pas rien dans la vie d'un homme qui ne demandait qu'à écrire paisiblement sur le sable, l'asphalte mouillé, les troncs d'arbre et la terre noire. Hélas, c'était compter sans la morphogénétique qui vient de me rappeler, de me ramener à mon journal et à sa forme souveraine qui, sans être à elle seule le secret de l'univers, n'en constitue pas moins un détail configuratif incontournable. Il va y avoir des pleurs et des grincements de dents. Le sang va couler. Et mon sperme bondir vers l'horizon, à la fois gazelle et oléoduc, en tout cas certainement foutant et défoulant. Petit monde. Je les écouterais tous et je passerais ma vie au restaurant. Il suffit.

Jeudi 22 février. — Je me sens damné. Hier après-midi, après m'avoir parlé pendant une heure au téléphone le matin, Michel m'a convoqué au D'Youville, avenue Cartier, où nous avons mangé et contre-discuté de 13 h à 17 h. Il a tout de suite essayé de me parler à travers ses mains croisées plaquées contre ses lèvres mais je lui ai promptement envoyé des ondes néfastes. Il a aussitôt cessé, il n'a pas récidivé. Il a vu une voyante il y a quelques semaines. En la quittant il lui a parlé de moi. Elle lui a dit qu'elle voyait bien que je traversais une période absolument terrible mais qu'en mars et avril qui viennent je serais atteint de notoriété, que Michel lui-même serait mêlé à cela et que j'en pourrais vivre le restant de mes jours. Depuis, Michel n'arrête pas d'échafauder des plans et de multiplier les contacts pour faire de moi, effectivement, un notable. Il n'a pas à se forcer. Il y a maintenant presque dix ans qu'il agit ainsi, que je résiste de tout mon pouvoir mental et que je me retrouve dans des situations désespérantes chaque fois pires que les précédentes. Je le hais lui aussi. Il me foutrait la paix, je n'aurais pas à constamment me demander pourquoi je ne comprends pas les connards de son espèce. La notoriété. Qu'est-ce qu'il y a de notoire ou de notable à vivre tout nu avec soi-même. Mes amis mâles sont tous pareils : ma perversité les séduit, en même temps ils jouent les prudes. Et pendant ce temps, moi, j'ai l'air de quoi. J'ai beau ajouter des miroirs sur les murs de mon appartement, je ne me vois plus dans aucun d'eux. On est en train de faire de moi un transparent. On me prend pour de l'invisible. C'est assommant.

Vendredi 23 février. — Il fait un temps doux, pluvieux, presque chaud. Je garde les pieds nus. Hier, en milieu d'après-midi, je suis allé perdre quelques heures à la Bonne occasion, la librairie de Denys. C'était triste, morne, ennuyant. Je me suis demandé ce que je faisais là. Rien. Les livres continuent de s'empiler, les clients de se faire rares et Denys de parler de Rudolf Steiner. Un monde. On espère l'Apocalypse pour mettre fin à tout ce charabia. Je n'irai plus. Ce n'est pas humain de voir un être sensible et intelligent renoncer à son ici-maintenant pour ectoplasmer un défunt dont tout le monde se moque. D'ailleurs je subodore que Denys aimerait que je meure avant terme pour en faire autant avec moi. Il n'y a qu'à l'entendre parler de *Cthulhu, la joie,* le cœur de mon *Journal,* comme il dit. C'est insupportable. On dirait chaque fois qu'il m'enterre vivant. C'est un con. Et les connards qui courent acheter le livre parce qu'il leur en a parlé sont des cons eux aussi. Mais les allemandeurs, les entichés d'une Allemagne qui n'a jamais existé que dans l'esprit des déséquilibrés, sont ainsi. Ils ont d'abord le mépris, puis ils pratiquent la haine de la réalité. D'ailleurs Denys me l'a dit plusieurs fois : ton *Journal,* je ne peux en parler à personne, la relation que j'ai avec lui est trop personnelle. Il est comme les autres. Il jouit, puis il a honte de sa jouissance. Minable, c'est minable. Comme si le parfum que dégage le sperme n'était pas aussi délicat que celui d'une rose fraîchement éclose. Je ne comprendrai décidément jamais rien aux fouteurs de livres.

Le matin, quand Chantal et moi nous mangeons, François nous regarde toujours comme si nous étions des animaux de ferme. Or qu'y a-t-il de meilleur que le premier repas du jour. Certainement pas la dernière Cène. Il y a François. Il y a aussi Michel, Denys, Pierre et Paul. À les entendre, manger le matin serait comme se faire empaler. J'ai mon idée. Denys, par exemple. Il avale de la spiruline, des algues en poudre. Paul et Michel courent au restaurant. Quant à Pierre et à François, ils passent l'avant-midi à se convaincre de ne pas lever le nez sur ce qu'ils mangeront enfin le midi. J'ai des amis fous, invivables et qu'une bite bien placée ramènerait peut-être à la raison et aux plaisirs simples. Mais non, faire artiste à tout prix. En se gardant bien, toutefois, de se faire botter le postérieur.

Ce sont des fragiles, on fait des manières. Je préfère Chantal. Sans compter que le temps qu'elle reste attablée avec moi la salle de bains se trouve comme par enchantement libre. Autrement, avant, après et pendant des heures, il faut se contenter de regarder dehors. Et alors j'envie les riches qui ont plusieurs étages dans leur maison et des lieux civilisés à chaque étage.

Samedi 24 février. — Michel a longuement téléphoné hier midi. Il m'a raconté que Paul et lui avaient bivouaqué la veille au D'Youville, avenue Cartier, jusqu'à 23 h. Je n'aurais pas aimé être là. Le restaurant était rempli et tout le monde a entendu et écouté ce que Paul tonitruait sur mon compte. Le malotru. Et j'imagine que Paul augmentait le volume de sa voix au fur et à mesure que Michel étouffait avec ses mains la sienne. Les épais. Aussi les impolis d'alentour n'auront-ils entendu qu'une version des faits, la morencyne. Et comme l'avenue Cartier est la rue snob de Québec a justement dit Sabica mercredi comme Michel et moi l'y croisions, je n'ose imaginer tout ce qui se dira cette fin de semaine dans les grands foyers à plusieurs étages de la région. Certains vont jubiler : ici je lave des parquets, je peinture des appartements, je pellete la neige et j'arrose les fleurs. D'autres vont conspuer, Paul et Michel en étant venus à un cheveu de se signer réciproquement des chèques pour financer la publication de l'un de mes livres. Un quêteur. Un profiteur. Qu'il travaille comme les autres, a déjà écrit le critique montréalais Réginald Martel dans *La Presse*. Qui plus est, cette discussion entre le libraire d'occasion des madames du quartier Montcalm et le responsable de l'information des fous de Robert-Giffard n'a, comme toutes les discussions, abouti à rien. Sauf, bien sûr, à confirmer l'élite de la ville de Québec dans l'opinion qu'elle a de moi. Ce matin il pleut. Hier soir je me suis acheté des stores de couleur noire. J'ai tout ce qu'il faut pour passer le reste de la journée à ne pas pleurer sur mon lit défait. Encore que moi, quand je ne pleure pas, je me mets tout nu. Je n'y peux rien, j'ai la jouissance joyeuse. Les misérables.

Dimanche 25 février. — Les stores noirs, un petit pour la porte qu'il y a près du poêle, un grand pour la fenêtre qui donne sur la partie salon de la pièce. L'effet qu'ils produisent, en tout cas par temps de pluie, me plonge dans la plus grande perplexité. Et je ne sais par quel mécanisme d'association, ils me font penser à Michel qui m'avait pourtant dit de ne pas les acheter dans cette teinte. Évidemment, lui, il n'en a que pour le brun. Mais le brun, pas plus que les autres couleurs, n'aurait rien changé à l'éclat trop vif de la lumière dans mon appartement de deux pièces où n'existe aucun coin d'ombre où je pourrais me retirer pour me reposer. J'aime beaucoup cet endroit. Je l'ai trouvé alors que j'étais en état de choc, soudainement ruiné par la triade composée de ma courtière, de mon notaire et de mon banquier, par leur malhonnêteté et leur malversité. Je reviens à Michel. Qu'y a-t-il de noir en lui. Tout. Et c'est la raison pour laquelle je continue de me demander ce que sa voyante a bien pu voir quand il l'a vue. On ne voit rien dans le noir. Ou bien étais-je là-dedans, moi, la lumière. Lourde tâche. On me met sur les épaules des responsabilités que je ne peux d'aucune façon assumer. Ah oui, le premier volet du triptyque de Lauréat donne aussi dans le noir, suivi d'un jaune tout à fait comparable à celui de la couverture des cahiers dans lesquels j'écris, puis d'un bleu foncé comme on en trouve dans les ciels de fin de journée. Lauréat, Michel, le rapprochement n'est pas innocent ou, comme a dit Lauréat jeudi midi au téléphone, il n'y a pas de hasard, lui : c'est une vérité bouddhique. Sauf que si on prend les choses sous cet angle on peut aussi dire qu'il n'y a pas, non plus, de nécessité. Mais que d'histoires pour deux malheureux stores qui ne m'ont quand même coûté, les deux ensemble, qu'une vingtaine de dollars. J'en changerai, voilà tout. Et tout le monde pourra se remettre à voir ce que la voyante de Michel n'a pas vu, que je vis tout nu et que je suis un imbécile. Mais j'allais oublier Pierre. Il n'est pas pour rien, lui non plus, dans le choix du noir pour les stores, lui : il faut les acheter noirs. Je suis un naïf. On se sert de moi en tout et pour tout. Je ne me connais plus qu'à peine, un galet lancé furtivement à la surface d'un étang, un brin d'herbe chétif dans le gravier d'un terrain vague.

10 h. Je hais les artistes, les peintres, la peinture et les peintures, je hais les toiles, les cadres, les huiles, les gouaches, les fusains, les dessins, les acryliques, les aquarelles, les sérigraphies, je hais les pâtes, les couleurs, les pots, les pinceaux, les couteaux, les guenilles, les tables, les chevalets, les ateliers. François l'autre soir au téléphone : tu dois fréquenter les ateliers des artistes. Petit con. Et moi, qui me fréquente quand j'écris, qui me lèche partout où j'aimerais l'être.

Personne. Je broie du noir. La voyante a dit que j'en aurais jusqu'à la fin du mois. Encore quelques jours, donc. Et puis, les Noirs, comment font-ils pour vivre avec la peau noire. Je me posais la question plus tôt couché dans la douce clarté de la couleur chair de ma chair à moi. Je ne comprends rien au monde. Supposons la nuit. Un peintre arrive et dessine de belles fesses de Noirs là-dedans. Qu'en verra-t-on. Rien. Aussi, Lauréat Marois. Quand je suis allé à son atelier, il y a deux semaines, il y avait une immense toile à l'envers contre un mur. Cela semblait représenter un chaos tourbillonnant. Noir. Avec en bas, à l'envers lui aussi, un long corps blanc de mort-vivant de jeune homme avec un pagne tout à fait inutile sur le bas des fesses et dont la forme étendue sur le ventre épousait manifestement la circonférence de l'énorme vortex. Que de précautions dans le non-dit. D'un autre côté on se voit comme on peut. Moi, par exemple. En même temps que les stores je me suis acheté des strings, des slips qui laissent libres les cuisses jusqu'à la ceinture, noirs eux aussi. On est bien dedans. On ne se sent pas du tout au bord du chaos. Mais dans un atelier d'artiste, ainsi minimalement vêtu, de quoi aurais-je l'air. D'un stupide. Je hais également la ville. Dans le bois, au bord d'un ruisseau, parmi les rochers, je ne mettrais rien et personne ne sentirait le besoin de sortir ses pinceaux pour me barbouiller la vie. J'ai des choix à faire. Ou bien je continue d'assister, béat, aux oraisons masturbatoires des colons ci-dessus nommés dans les restaurants, ou bien je reprends le chemin de la nature naturelle qu'il y a en moi.

Lundi 26 février. — Je n'ai besoin de personne pour publier mes livres. La question n'est pas là. La question est : est-ce que, moi, je désire ou non qu'ils le soient. Et pour l'instant la réponse est non. Et elle restera non tant et aussi longtemps que, comme Denys, on se cachera pour les lire. Il n'est pas le seul. Ils sont des centaines à l'avoir fait ou à continuer de le faire. Au début, mais surtout au moment où on a commencé la publication du *Journal* il y a une dizaine d'années, je m'attendais à peu près à tout. On a tort d'attendre. Ce qu'on attend ne vient jamais comme on voudrait que cela vienne. C'est vrai des histoires de cul. Et c'est vrai des histoires tout court. Je m'attendais donc à tout sauf à ce qui est arrivé, à savoir qu'on éprouve un tel plaisir à me lire qu'on finit immanquablement par en rougir de honte. Je déclenche l'orgasme mais personne ne sait comment l'arrêter. Alors on s'en va se cacher, qui derrière des piles de livres, qui derrière ses mains croisées. Ou bien c'est moi qu'on cache, tantôt dans un réduit montréalais, tantôt dans un atelier où je dois me rendre à la tombée du jour, à une heure où je ne risque pas de rencontrer âme qui vive dans les rues enneigées et glacées d'un quartier misérable. On se croirait dans un bon roman balzacien. Mais qu'ai-je fait. Qu'est-ce que j'écris donc qui fait bander et durer la bandaison et surdurer le plaisir. Rien. J'écris des riens. Je suce le vide. Et du coup ils ont l'air d'avoir l'impression que je les vide d'eux-mêmes. Ce n'était pas l'idée. Car enfin, ce qu'on aspire d'une part, on le dégorge d'autre part. Denys dit que je suis un bouddhiste. David a l'air de le penser lui aussi. On se rassure comme on peut. S'il est bouddhiste, il est nécessairement d'une autre culture. Cachez ce sein que je ne saurais voir. Petites natures. Et Néron a osé me dire l'autre jour au Krieghoff que, s'il en avait l'honnêteté, il se lancerait dans la production de films pornographiques. Pour faire de l'argent. Eh bien moi j'ai dit à Michel la semaine dernière qu'il ne servait à rien de vouloir publier mes livres si on ne voulait pas, ce faisant, faire des sous. C'était au téléphone. Je ne sais pas s'il a mis la main devant la bouche pour me répondre. Je n'ai rien entendu.

Mardi 27 février. — Dîné hier soir au D'Youville avec Michel. Moi : qu'est-ce que la voyante a dit d'autre. Lui : qu'est-ce que tu sais. Moi : ce que tu m'as dit. À quoi il n'a rien ajouté. Puis revenu chez moi, je me suis mis tout nu et j'ai rêvassé assis sur mon lit. En ce moment j'écris sur ma table de cuisine blanche, dos aux stores noirs qui font très bien leur boulot qui est d'arrêter sans discussion les rayons du gros soleil qu'il fait dehors. Je reviens à Michel. La voyante lui a dit qu'il jouera un rôle dans ce qui m'arrivera à partir de maintenant. Je veux bien, Michel est mon ami et je ne suis pas du tout fermé à l'idée qu'il profite lui le premier de ma notoriété. Mais ce n'est pas une raison pour forcer les choses, je le lui ai dit : laissons-les arriver d'elles-mêmes. Lui : je pense comme toi, c'est aussi ce que je sens, on a fait le tour de la question, ce qui doit arriver va arriver. Ainsi soit-il. Il faut dire que Michel est très tenté ces temps-ci par le bouddhisme que Lauréat, de son côté, pratique depuis une quinzaine d'années. Quant à moi je serais tombé dedans quand j'étais petit. Toujours est-il que je n'ai pas plus envie de protester ou de regimber que de téléphoner à une certaine avocate qui ne m'a pas donné de ses nouvelles depuis deux mois, à croire qu'il ne me reste à vivre que de l'air du temps. Au fait, quelle est la question dont Michel et moi avons fait le tour. Elle concerne évidemment la publication de ce que j'ai écrit et continue d'écrire : y a-t-il un éditeur à l'horizon. Sûrement. Sauf qu'il est encore trop tôt pour voir s'il se rapproche ou s'il s'éloigne. La notoriété ne va pas à tout le monde. Beaucoup préfèrent le fric vite fait au travail, aux sueurs, à la jouissance cosmique. Chacun ses goûts. Quoi qu'il en soit, notoriété ou pas, moi, je sais très bien ce qui pousse en moi, très exactement à la racine de ma verge : c'est un gros arbre dont l'ample feuillage laisse passer de bons éclats solaires et de grosses gouttes d'eau de pluie bien chaude.

Minuit. Quelque chose ne va pas. Michel a téléphoné en fin d'après-midi. Je préparais le repas pour Pierre et pour moi. J'ai écourté l'appel. Michel m'a quand même dit qu'il avait ce matin pris des notes sur notre discussion d'hier dont il a par ailleurs parlé à Odette dans la journée. C'est tout. Il annonçait ce qu'il me racontera demain. Mais que peut-il bien avoir à me dire que je ne sache déjà. Rien. Je n'ai pas la science infuse. Mais nous avions convenu de laisser les choses arriver d'elles-mêmes. Il manque de foi, d'espérance. Il manque aussi de charité. En clair : qu'on me foute donc la paix. Michel hier soir : comment fait-on concrètement pour rejoindre un homme comme Charles Tisseyre. Moi : tu prends le téléphone.

Il s'est étouffé. C'est comme si je lui avais révélé que la lune est ronde, elle aussi. Quant à Charles Tisseyre, il s'agit de l'héritier prématuré de l'empire Tisseyre, c'est-à-dire la maison d'édition qui a publié les six premiers volumes de mon *Journal.* Michel est d'avis qu'on devrait voir si elle désire ou non en poursuivre la publication. C'est un avis que Michel partage avec lui-même. Moi, pas. Les morts avec les morts, c'est écrit dans tous les livres de piété. Les éditions Tisseyre étaient mortes avant même de publier mon *Journal.* C'est pourquoi je n'en ai retiré que le plus profond malentendu. On m'a cru mort moi aussi. Pour revenir à Michel, il ne fait plus de doute dans mon esprit qu'il s'est constitué la victime des fantasmes de sa voyante. Je hais les victimes, je hais les messies. Il ferait mieux de me donner la très grande toile de lui, c'est-à-dire peinte par lui, qu'il m'avait promise il y a quatre ans. Mais c'est trop concret. Les expiateurs de service détestent le concret. Ils ne sont pas trop fous. Ils savent d'instinct qu'en remettant les pieds sur terre il n'y aurait plus rien à expier, à messianiser. Je suis entouré de loques. Et puis, qu'y a-t-il à publier de moi. Rien. J'écris une ligne, puis une autre. À la troisième j'ai déjà oublié ce que j'ai mis sur la première. La lecture de ce que je note est une illusion. Et cette illusion est celle des autres, pas la mienne. Je m'en vais me coucher et fasse le ciel que je dorme bandé. Bandé, on cesse de rêvasser sur des niaiseries. On rêve, c'est tout.

Mercredi 28 février. — Il neige. Encore une heure ou deux, il est 8 h 30, et Michel va téléphoner pour me réciter son boniment, lui : il y a toute la différence du monde entre publier un ou deux livres de toi ou l'ensemble de ton œuvre, tu comprends. Je vais faire oui de la tête. Mais, dans le fond de mon cœur, je continuerai à ne rien comprendre du tout. Le problème ne résidant pas dans ce qu'il y a à comprendre mais dans mon manque d'intelligence. Je ne suis pas un homme intelligent. La preuve : les amis que j'ai. Ils vont leur chemin et je ne vais pas le mien. J'irais mon chemin, je détruirais au fur et à mesure tout ce que je note et écris. Pourquoi je ne le fais pas reste un mystère, une marque d'innocence, d'insignifiance, de connerie. J'ai encore peur de mon surmoi. J'imagine inconsciemment que, si je passe aux actes, les grands méchants vont me taper dessus. J'ai tort. En brûlant dans le même souffle ce que j'écris je les brûlerais eux aussi qui ne sont que des ombres, des silhouettes, des chimères. Et je me retrouverais chaque fois, pour mon plus grand bien-être, le cul dans l'herbe avec du sable sur la poitrine. Je ne m'aime plus. Je manque de courage, d'honnêteté, de fierté. Je traîne ma couardise partout où je vais et j'emmerde le prochain avec les quelques exemplaires de mes livres qui empoussièrent l'environnement dans les bibliothèques et dans les librairies. Ce n'est pas vrai que je rends les gens heureux, comme m'a déjà écrit François. Je les rends allergiques. À moi, mais aussi à eux-mêmes. Ils voient que je ne m'aime pas et ils se mettent à ne plus s'aimer pareillement. Qu'on m'assure que tout ce que j'ai écrit et publié a été détruit et je respirerai mieux. Aussi, Michel et ses histoires de nouvelles publications, il y a loin de la coupe aux lèvres. Et s'il se mettait les mains devant la bouche à cause de la mauvaise haleine. Je tiens enfin l'explication de toutes les saloperies qu'ils me font subir, les bouches ouvertes, les réduits nationalistes, les corps recroquevillés sur eux-mêmes, les univers éventrés, les agendas barbouillés. Je les décompose de leur vivant.

Jeudi 29 février. — Je me demande si j'ai dormi. Je n'en suis pas sûr. Je ne sais pas non plus combien d'heures Michel et Paul m'ont tenu au téléphone hier. En revanche, tout le mal qu'ils m'ont fait, je m'en souviendrai. L'autre nuit, celle de lundi à mardi, j'avais longuement rêvé que je vivais avec les singes dans les arbres d'une forêt africaine, que j'étais l'un d'eux. J'étais heureux. J'ai rarement été aussi heureux. Ce matin je paye. Je me sens défait, humilié, incapable même de ramper vers la branche la plus basse du plus petit arbuste. Il faut que je me touche la queue pour me convaincre qu'il m'en reste quelque chose. J'irais me pendre si je n'avais toujours trouvé ce cérémonial on ne peut plus sordide. Le téléphone. Qu'ils viennent donc une bonne fois me dire en pleine face ce qu'ils m'envoient au téléphone. Des pleutres. Des lâches. Paul rencontre aujourd'hui une spécialiste d'Internet pour savoir comment diffuser mon *Journal* sur les autoroutes de l'information. Michel, de son côté, se met en quête d'un traiteur de texte professionnel pour fignoler la présentation de six ou sept disquettes qui contiennent déjà autant de mes cahiers. Quelle merde. Quelle perte de temps, de sens et de simplicité. Après la peur des mots celle des livres modestement et amoureusement faits. J'en viens à me demander si ces gens-là ont jamais fait l'amour et, le cas échéant, comment ils s'y sont pris. Tout dénaturer pour n'être pas qui on est. La peur du rien.

21 h. Je me vois aller, dépérir. Je vais baisser les bras. Leur bonté poisseuse est en train de se répandre sur moi comme la misère sur le pauvre monde dont je fais aussi partie. Mais ces salauds ne seront toujours que des salauds. Et salauds ceux et celles qui chaque jour, de plus en plus, viennent grossir leur rang. Exemple, il y a une heure à peine, Marcel Allaire. La grande gueule, avec ou sans la main devant la bouche, je ne me suis pas enquis, lui a demandé s'il ne mettrait pas des sons dans la publication de mes livres. C'est honteux. Et Marcel n'a pas dit non. Quelle lavette. Des rempants, invasion d'ailleurs pressentie par Lovecraft dès le début de ce siècle qui néanmoins, enfin, s'achève. Je suis mal né. J'aurais dû vivre quand il n'y aura plus de livres. Mince consolation, consolation malgré tout : l'ordinateur de René a pendant plusieurs heures cet après-midi régurgité la disquette du manuscrit de *Maman*. Je l'aime, cet ordinateur. Seul, en toute conscience et en pleine possession de ses moyens, il a ouvertement répugné à faire un double de la chose. Michel pense que c'est sa faute, il dit que toutes les machines font des pannes quand il s'en approche. Il se prend pour qui. L'intelligence a beau être artificielle, elle reste intelligente. On me boude moi, c'est tout. On n'aura pas compris que je ne comprenne rien. On a regimbé. Pour dire les choses autrement : sa voyante a dit à Michel que pour un pas qu'il faisait en avant il en

reculait trois, lui : c'est vrai, elle : vous avancez quand même. C'est notoire comme la notoriété. Cela fait mathématiques nouvelles. Vous dites que vous reculez, on vous assure que vous avancez. Où sont les arbres. Où sont mes chiens, Cthulhu, Démon. Qu'ai-je fait de mon sperme. Combien de litres de sang ai-je laissé couler derrière moi. Sur quelles eaux toutes simples pencher mon visage d'étranger. Paul lui-même, avec qui je viens de dîner, n'a pas ouvert une seule fois la bouche en mangeant. Mais Denys, lui, ne change pas. Tout l'après-midi, dans sa librairie, il a continué de m'expliquer que l'univers n'avait plus de secrets pour lui. Je le lui ai dit devant témoins, entre autres un libraire de Montréal qui n'a pas pu s'empêcher d'acquiescer, moi à Denys : la mauvaise foi que je mets dans ce que j'écris n'est rien comparé à celle que tu professes quand tu parles. Il s'est tu. Un instant. Puis, lui, aux autres et à propos de ce que je venais de dire : il faut avoir le respect de la vérité. Ce qui ne l'a pas empêché, les autres aussitôt enfuis, de remettre son disque sur la fin du monde toute proche. C'est aussi un apocalyptique. Et moi un imbécile de l'écouter débiter ses âneries. Lui : tu ne dis jamais rien. Moi : j'écris. Il a levé ses yeux de béatifié vivant au ciel. Puis il a enchaîné avec sa maudite astrologie, lui encore et entre autres insanités : je ne comprends pas que les psychologues ne se servent pas de l'astrologie, on voit tout dans les cartes du ciel. J'arrête. C'est l'heure de me laver.

Vendredi 1er mars. — La notoriété peut venir. Je vais l'accueillir. Mais je veux tout de suite qu'elle sache qu'elle ne sera masculine, qu'elle ne signifiera quelque chose à mes yeux que le jour où ses parties, ses gosses comme on dit en Amérique française, commenceront à être léchées par la langue anglaise. Je peux être cochon moi aussi. Je ne suis pas un ange. Je ne suis pas un pur. Que Néron, Marois, Chabot, Morency et les autres rêvent de virginité, c'est leur affaire. Leur quarantaine les affecte démesurément, ce n'est pas mon problème. Et s'ils persistent dans leur désir d'images saintes, neutres, qu'ils se les fabriquent eux-mêmes, les chansons, les poèmes et les tableaux sont là pour ça. J'ai fait ma part. J'ai promu Cthulhu et Démon au rang d'angelots, de chérubins parfaitement inoffensifs. J'ai trahi les pauvres bêtes qui, la nuit où je suis allé avec les singes, auraient dû être avec moi. C'est assez. Je me dégoûte de moi-même. Pour revenir à la langue anglaise, il n'est pas notoire du tout qu'elle soit la plus habile à faire les choses que j'attends d'une langue. Je n'en sais vraiment rien. Mais j'ai le goût d'essayer. Ensuite je ne dirais pas non du tout à la japonaise, puis à la chinoise. J'ai un faible pour les cheveux noirs et pour la soie.

Samedi 2 mars. — Il est tôt. Les oiseaux ni l'aube ne sont levés. Moi, je piaffe d'impatience. J'ai envie de ruelles où je les boxerais tous, filles et gars. Puis je leur crierais d'aller se faire mettre, pauvres connasses et pauvres cons. La vie est drôle. À l'heure où j'étais en droit d'aspirer à une préretraite au moins mentale, voilà qu'on me les casse. Les couilles. La semaine a été dure pour moi, elle l'a été davantage pour Michel. C'est une chose de dire que les choses arriveront d'elles-mêmes, c'en est une autre de s'arrêter et d'attendre qu'elles arrivent. Lui, c'est exactement l'inverse qu'il a fait. Il a relu les manuscrits de *Maman* et de *François, les framboises et moi.* Il a multiplié les rencontres avec les informaticiens et les communicateurs patentés. Il a fait des plans dans sa tête et sur papier. Il est même allé dans une imprimerie de fine technologie, rue Saint-Jean. Enfin il a presque entrepris des levées de fonds et des contacts avec une dizaine d'éditeurs professionnels. Je ne note pas tout, je ne donne qu'une faible idée de ce qu'est la déchéance quand elle s'empare subitement des gens. Les viscères se prennent pour le cœur et se mettent à projeter leurs pâtes plus ou moins liquides dans tous les sens. Oublions les odeurs, les couleurs, les raffinements de texture. Moi, dans mon monde à moi, les rochers sont de la pierre, l'eau a la transparence des yeux, le sable se mêle volontiers à la fine poussière de la terre noire et la pluie chante en touchant les toitures et le sol. Je me répète : les choses qui sont pour arriver arrivent. Michel, lui, pense que, pour qu'elles arrivent, il faut les faire venir. Qu'il faut les brasser. Après, seulement, l'éjaculation a lieu. Paul est le plus fin. Quand j'ai dîné avec lui jeudi soir, il m'a regardé et il m'a dit : tout dépend de ce que toi tu veux. Je ne veux rien du tout. D'abord, la notoriété, c'est l'argent et l'argent me fait chier. Ensuite, les petits livres comme j'ai toujours désiré en faire avec ce que j'écris, personne n'en veut. On a tort mais c'est ainsi. Tu prends un caillou dans ta main. Eux, ils vont soutenir jusqu'à leur dernier râle que ce n'est pas un caillou. L'un va y voir la personnification du secret de l'univers enfin révélé, l'autre un pavé fédéraliste, et un autre un volume à ramener sur une surface plane. N'importe quoi pour passer à côté de ce qui est et qui n'est rien. De toute façon rien n'arrive jamais. Tout est déjà là.

Dimanche 3 mars. — Je n'oserais pas relire ce que j'ai écrit ces dernières semaines. Tant de frustrations crachées au visage de gens qui ne demandent qu'à m'aider. Mais, justement, je n'ai pas besoin d'aide. Je sais très bien, depuis toujours, quelle est ma place dans la nature. Elle n'a pas toujours été commode à maintenir mais enfin j'y suis et j'y reste. Michel a téléphoné hier après-midi. Il sait que j'ai en main depuis une douzaine de jours un chèque de 2 754,40 $ émis par la Commission canadienne du droit de prêt public. Les colons vont dans les bibliothèques publiques, ils empruntent les livres des autres sans rien payer, alors, astuce, le gouvernement se sert de leurs taxes pour beurrer le pain des pauvres écrivains. Moi, c'est la première fois que je demande un peu de beurre. Je n'avais pas le choix. L'an dernier à pareille date, après m'être fait voler tout ce que je possédais mon chien Démon inclus, j'ai dû recourir à une autre forme d'aide gouvernementale, celle de la Sécurité du revenu. Jusqu'ici on m'a prêté de quoi me nourrir et me loger. Il s'agit d'un prêt, j'aurai donc à rembourser le jour où je reprendrai possession de ce qui m'appartient. Mais je reviens à Michel. Il se demandait si je ne pourrais pas utiliser le chèque de 2 754,40 $ à des fins autres que de subsistance. Évidemment que je le pourrais. J'avais par exemple pensé louer un petit chalet au bord de l'eau durant l'été qui vient. Ce n'est pas l'idée. Il y a des livres de moi à publier et je pourrais faire ma part. Eh bien voici. Si on est pour vouloir me gérer en même temps que mon travail, il faudrait vitement s'abstenir. Cracher est trop dur et tuer n'est presque rien.

L'argent. Michel répète depuis un an qu'il ne pense qu'à ça. C'est un peu court. C'est ainsi depuis que nous nous connaissons, soit une dizaine d'années. Mais il y a un trompe-l'œil. Il est généreux de sa personne, de son téléphone et, plus souvent qu'à son tour, de sa poche même. D'un autre côté à quoi sert de donner si on ne donne pas avec son esprit aussi. Ce n'est pas le cas ici. L'esprit est un révolté. Je hais les esprits révoltés. Ce sont des chameaux qui se prennent effectivement pour des chameaux et qui s'obstinent à ne voir dans le chas de l'aiguille que le trou. C'est facile. C'est évident qu'un chameau ne passe pas dans un trou de la grandeur de quelques grains de sable. Mais non, ces esprits persistent à penser que la chose est possible et comme elle ne l'est pas ils bocquent. Le monde est contre eux. De toute éternité. C'était arrangé d'avance. Et ainsi, de fil en aiguille si j'ose dire, ils en viennent noblement à penser que l'univers n'a pas de secret pour eux. Ils ont tout compris. L'argent. C'est l'argent qui mène le monde. Les plus timides, comme Denys, ajoutent le cul, l'argent et le cul. Michel est un dur. Un jour qu'il avait un trou de la grosseur de quelques aiguilles dans son fond de culotte, j'ai suggéré qu'il l'agrandisse, ajoutant que c'était la mode de laisser voir un tissu de boxer ou de la peau de fesse. Il m'a dit de laisser faire. Le cul, en vérité, ne l'intéresse pas. C'est d'ailleurs une caractéristique des grands argentiers, même de ceux qui accolent avec condescendance les mots cul et argent : leur propre corps les ennuie souverainement sauf lorsqu'il y a des bobos. Ils aiment bien les bobos. Et s'ils n'en ont pas ils s'en inventent ou s'en fabriquent. Et c'est ainsi qu'ils vont et reviennent, se sentant moins coupables de ne pas faire autant d'argent qu'ils devraient en faire puisqu'ils ont eux aussi des bobos qui freinent leur rendement. Je ne suis pas méchant, je me retiens.

Lundi 4 mars. — En vitesse et si je puis dire, je vais ce matin aller porter mon chèque de 2 754,40 $ à la Sécurité du revenu. J'ai envie de me protéger. Des autres, cela va de soi. Mais surtout de moi. En même temps la Sécurité du revenu apprendra que le gérant de ma banque a fait des pressions sur moi l'été dernier afin que j'arrête les procédures légales entreprises afin de recouvrer l'argent qu'on m'a volé. En d'autres mots je ne sais pas où mettre mon bout de papier de 2 754,40 $. Lui aussi, à l'instar de ce que j'écris, je le déchirerais. Je suis trop bon. Je laisse les autres me peloter la bourse comme si je n'avais pas mes préférences, moi aussi. Au fait, quelles sont-elles. On vieillit et on s'égare. En tout cas, idéalement, il faudrait que cela se passe en forêt, que le parfum de la résine se mêle à l'odeur de nos corps. Les argentiers, eux, ont du goût pour les restaurants et les bureaux. Ils souhaitent que cela se passe comme au téléphone. On ne sent rien, on ne voit rien. Grand bien leur fasse. Et je comprends très bien que mêler le sable à la salive n'aille pas à tout le monde. Je me tire. Ils veulent éditer. Qu'ils éditent. Mais pour ce faire on devra d'abord me foutre la paix. Quant à la notoriété, je ne vais pas l'asseoir sur mes genoux et l'injurier. Je vais simplement rester qui je suis. Elle s'en remettra.

Mardi 5 mars. — Je voudrais bien savoir ce matin par quel petit bout me prendre. Un doigt, un orteil, la queue, la langue. Le nez, une oreille. Mais mon cœur fait bof. La Sécurité du revenu par exemple. On nage en pleine administration-fiction. On me demande très formellement, par écrit, d'aller voir mon odomètre et de transcrire sur la petite ligne jointe son kilométrage au 29 février 1996, veille de mon accession à la notoriété. Je n'ai pas de voiture. Il faut aussi les reçus d'assurance. Je n'ai pas d'assurance. Et l'inventaire de la machinerie et de l'équipement de l'entreprise. Je ne suis pas une entreprise. N'importe quoi. De quelque côté que je me tourne, c'est toujours la même histoire. Et on ne demande jamais d'indiquer la musique que j'aime, les livres que j'aime, la nourriture que j'aime et les fantasmes qui me font aimer ce que j'aime. L'argent et l'esprit des argentiers sont des choses absolument terribles. Je songe à consulter un psychologue. Je le pourrais. J'ai ce qu'ils appellent un carnet de réclamation qui permet de faire gratuitement la tournée des bureaux de médecins. Les bobos. Le problème est que, moi, je n'aime pas les bobos. Ils font mal et je meurs chaque fois qu'on me fait du mal. J'ai la tête mal faite. Michel pourrait témoigner. J'étais à sa librairie en fin d'après-midi hier. J'ai ouvert l'enveloppe de la Sécurité du revenu reçue quelques heures plus tôt, eux : «Votre prestation de sécurité du revenu sera augmentée à 146 $ à compter du 1 avril 1996.» J'ai failli piquer une crise. Je me débrouillais très bien avec 122 $ par mois jusqu'ici. Mais je suis tranquille. Michel a désormais l'air d'être là pour veiller au grain, pour ramasser les miettes. Je suis son salut. Je ne donne jamais rien à mes semblables. Mais je suis toute compassion pour les petites bêtes qui vont à quatre pattes, qui branlent la queue pour un rien et qui me confirment dans mon rôle de berger des imbéciles. Laissez venir à moi les cons, je ne risque plus, maintenant, d'en repousser aucun. Je suis cuit.

La notoriété. Quelle conception d'elle, quelle notion de notoriété ai-je dans les bas-fonds de mon âme. D'abord, j'imagine naïvement qu'elle amènerait chez autrui le même respect de mon travail que j'ai toujours eu pour le sien. C'est beaucoup demander. Dans l'univers sans secret de Denys les atomes ou les astres seuls se tiennent à respectueuse distance les uns des autres. Ailleurs, partout, et particulièrement chez les singes des singes, il ne semble y en avoir que pour l'appropriation sauvage de toutes les distances. Ensuite, toujours aussi innocemment, je me dis qu'on me laisserait travailler, écrire en paix. Michel, l'argent. Si Michel veut faire de l'argent avec moi et non sur mon dos, il n'y a qu'un chemin : l'étroit. Il faut qu'il travaille lui aussi. Je le lui ai dit hier soir, plus tôt, à la librairie, il m'avait demandé à partir de quelle étape un éditeur commençait à faire de l'argent, je le lui ai donc dit, il faut d'abord produire, fabriquer le livre qu'on veut éditer, ensuite on s'occupe de gérer fumeusement les droits d'auteur, de faire de la fumée pour faire croire aux gens que ce qu'ils vont lire est unique et incontournable. Mais, c'est certain, si on ne travaille pas, il n'y aura pas d'argent. Je sais, moi, c'est le contraire, je ne travaille pas et j'ai toujours l'argent qu'il faut pour ne rien être. À chacun son karma. Enfin et plus stupidement que n'importe qui, j'attends de la notoriété qu'elle me fasse oublier. Je rencontrerais les gens sur la rue, on dirait : c'est lui, et personne ne m'aborderait. Qui sait, je pourrais peut-être même me mettre à sortir tout nu. Il n'y a rien comme la mettre à l'air libre pour faire fondre la peur et la crainte dans le regard des autres. À se comparer on se console. Il n'y a pas besoin de bobos.

Vendredi 8 mars. — Je me repose. Michel est dans la Beauce profonde de son enfance pour un ou deux jours encore. Je n'ai plus d'avocate, hier [F] a téléphoné pour me dire qu'elle s'exilait, elle me laisse les réduits fanatiques, nationalistes, et s'en va vivre à Toronto. Je lui ai dit que, moi, j'aurais choisi la Nouvelle-Angleterre. J'attends un téléphone de [G], un avocat d'un autre bureau, qui prendra la relève dans le dossier de mes biens volés. Cinq jours plus tard je n'ai toujours pas reçu d'accusé de réception pour la photocopie du chèque de 2 754,40 $ que je suis allé déposer à la Sécurité du revenu lundi matin, or j'ai besoin de cet argent, mon loyer de mars n'est pas payé, je dois aussi payer demain plus de 105 $ pour mes rapports d'impôts provincial et fédéral que j'ai fait faire mercredi et qui sont d'ailleurs les premiers en quinze ans. Je n'ai toujours pas conçu le titre que le mondain Lauréat Marois m'a demandé dimanche matin de trouver pour le catalogue de ses œuvres, la veille il avait participé dans un musée de Québec à un colloque sur les droits d'auteur des artistes-bluffeurs, je commence à trouver que ce bouddhiste manque d'élévation intemporelle. Il paraît que Paul à qui Michel, en un heureux partage de ses victimes, a téléphoné mercredi après-midi, est à la recherche frénétique d'un site pour mon *Journal* sur Internet, mais j'ai prévenu : si on me met avec les littéraires on n'aura pas une seule ligne de moi. Je me repose. Hier soir, Michel parti, Jocelyne malade et Odette épuisée, c'est moi qui ai tenu le comptoir Au lieu du livre après être passé chez le concurrent Denys Néron qui, merveille, a commencé à désempiler ses livres, il a eu honte, la semaine dernière j'avais apporté un sac vert en allant à la Bonne occasion et j'avais moi-même commencé à ramasser les rouleaux de carton scatophiles entre lesquels on ne savait plus où pisser dans le réduit universel qu'il y a tout au fond de la librairie. Mais, à travers tout cela et bien d'autres choses encore, Pierre est venu mardi et j'ai passé la soirée avec sa main sur ma cuisse, la droite, nue. J'étais heureux.

Samedi 9 mars. — J'ai peut-être une idée. Je l'ai eue en me levant, c'est-à-dire tout nu. Elle présente déjà une foule d'avantages. Le moindre ne serait pas que mes amis se sentiraient poussés à renouer avec la propreté, les bonnes manières et les bienséances. Voici mon idée. Il y a deux semaines, avant de partir pour la Floride, Racine, le propriétaire de l'appartement que j'habite, a proposé que je m'occupe en permanence de l'entretien de sa maison à lui mais aussi des cinq appartements qui la jouxtent. En échange il a parlé de réduire le coût de mon loyer de 250 à 100 $ par mois. C'est bien. Mais il s'agirait là d'une nouvelle forme de revenu qui, dans les circonstances, ne me créerait que des problèmes. Je ne gagne pas assez pour n'être pas rien mais je gagnerais alors un peu trop pour ne pas risquer de cesser de n'être rien. Mon objectif immédiat et suprême : garder coûte que coûte le contact avec la Sécurité du revenu. Les pauvres sont ainsi, ils ont besoin d'être encadrés. Je vais donc proposer à mon propriétaire la chose suivante. Il y a au sous-sol un loyer qu'il loue environ 200 $ par mois, chauffé et électrifié, et qui est libre. Je voudrais en faire mon bureau. J'ai besoin d'un bureau. Sans bureau les banques, les gouvernements et les autres profiteurs ne me prendront jamais au sérieux. Aussi vais-je proposer à mon tour que la réduction du coût de mon appartement, le numéro 5, de 250 à 100 $ par mois, soit appliquée au coût de l'appartement numéro 1 que je pourrais donc avoir pour la triste somme de 50 $ par mois. Et là, quand Paul viendrait me porter mon scotch, il pourrait taper des pieds et gueuler comme bon lui semble, c'est-à-dire sans ameuter mes voisins de palier et de sous-palier. Et Michel me foutrait la paix puisque, dans mon bureau, il n'y aurait pas le téléphone. Et je n'aurais plus d'hésitation à inviter Denys à venir m'expliquer en long et en large, et très fort lui aussi, sa découverte du secret de l'univers. Quant à Lauréat je lui montrerais ce que peut être un vrai atelier avec, entre autres, un cabinet d'aisances intégré. Je ne veux pas dire qu'il n'y a pas de toilettes dans un lointain corridor non éclairé chez Lauréat, à son atelier, j'ai simplement envie de baver qui passe son temps à mondaniser au lieu de travailler. Mais de quoi je me mêle. De rien. Je veux me survivre, c'est tout.

Mardi 12 mars. — C'est fâcheux. Je suis malade, toux et fièvre. Je n'avais pas besoin d'être malade. Entre mille choses à faire je dois aménager mon bureau. J'ai loué l'espace dimanche soir. C'est moins cher que prévu, soit 10 $ par mois au lieu de 50 $. Ce n'était pas l'idée. Tout le monde va me trouver ridicule, 10 $ pour un salon-cuisine, une chambre et une salle de bains, le tout chauffé et éclairé. La misère me poursuit. L'an dernier René avait loué un espace moins grand pour son bureau qu'il payait, lui, au moins 1 000 $ par mois. J'écoute des chants de Noël interprétés par Leontyne Price. J'ai acheté ce trente-trois tours dimanche après-midi, je l'ai payé 0,70 $ taxes incluses. On ne peut pas descendre plus bas. Et si la notoriété était commencée. Quoi que je fasse depuis deux semaines, tout se solde par un excédent budgétaire. Dans le désert Satan voulait changer les pierres en pains. Moi, il me bourre les poches d'argent. Je ne sais plus où aller ni quoi ne pas faire pour avoir la paix. C'est l'argent qui me rend malade. Le vent dans les arbres n'agirait pas ainsi. Au lieu de me faire cracher il rafraîchirait mes tempes. Je vais faire comme Josée. Quand les autres l'exaspèrent elle annonce qu'elle va bouder. Et elle boude.

Lundi 18 mars. — Je ne sais pas quoi écrire. Je ne sais plus quoi dire. Je viens de passer des journées entières couché et des nuits pleines à ne pas dormir. Hier, au bout du téléphone, Lauréat m'a mis dans son agenda, c'est son expression, nous nous verrons samedi qui vient. Évidemment, je suis un pleutre, je ne lui ai pas dit que j'avais maintenant mon propre atelier et c'est donc dans le sien que la séance de travail aura lieu. Objet : dresser la liste, à la fin de son catalogue, des auteurs, artistes et critiques d'art qui ont écrit des lignes ou des textes d'accompagnement pour celles de ses œuvres qui y seront reproduites. Lauréat est plus intelligent que moi. La notoriété, lui, il la prend par les cornes. Tandis que moi. Eh bien, moi, je reste tapi dans le moi de mon moi avec l'idée bien arrêtée de lui sauter dessus dès qu'elle montrera le bout de son nez. Je me déteste. Je ne veux pas d'elle et je n'en veux tellement pas que je n'aurai de cesse que Michel ne soit retourné chez sa voyante pour me déprogrammer. Michel au téléphone vendredi soir : Jean-Pierre, je me sens perdu, je ne comprends plus du tout quel est le rôle que je pourrais jouer dans la publication de tes livres. Encore sa voyante. C'est elle qui lui avait dit que la notoriété s'abattrait sur moi et que lui, Michel, aurait un rôle à jouer dans l'avènement de ce cataclysme. N'importe quoi. Comme si je n'étais pas assez grand pour vivre tout seul ma propre vie. Immense écœurement.

XXI

Beauport, dimanche 14 avril 1996. — Je ne suis qu'un enfant mais je ne le sais pas, je manque d'intelligence pour le comprendre.

Le temps ce matin, d'abord outrageusement gris et froid, vient de se mettre à la neige. Or moi j'aurais plutôt envie, en ce moment, de soleil sur mes fesses. Il faut toujours se battre. C'est lassant. Puis, le soleil venu et quand j'en aurai assez de ses pincements sournois, je chialerai pour qu'il pleuve. Et ainsi de suite jusqu'à ce que je m'endorme en rêvant que je vole corps et âme au-dessus de montagnes asiatiques qui n'existent probablement que dans mon imagination.

C'est aussi, ce matin, dimanche. J'en suis déjà à mon troisième réveil et il n'est pas exclu que je récidive. Regagner les draps du lit, c'est-à-dire ma nudité. Sentir qu'il me pousse une queue sans trop savoir à quoi cela peut bien servir. J'ai envie de me méfier de tout. Et d'être surpris là où ma méfiance ne se méfierait de rien.

Lundi 15 avril. — Il y a du brouillard. J'aime le brouillard. Il va bien avec l'asphalte des rues. Il se marie parfaitement avec les couleurs des pierres tombales dans les cimetières. Et il rehausse le vert de l'herbe et du gazon.

Je ne suis pas un enfant, je suis un petit enfant. Les enfants ont un peu de raison dans l'âge tandis que les petits enfants n'en ont aucune. Je suis comme ces derniers. Pour eux comme pour moi le monde est ce qu'il est et non ce qu'on voudrait qu'il soit.

La neige d'hier n'est déjà plus. Il a pourtant neigé furieusement toute la journée. Je suis sorti. Il fallait marcher dos au vent pour n'être pas aveuglé par ce qui tombait du ciel. Il fallait aussi enjamber partout, sur le sol asphalté ou cimenté, de grandes flaques d'eau. Puis je suis rentré, aussi désolé qu'à mon départ de n'avoir pas avancé dans la compréhension de mes incompréhensions. Il n'y a rien à faire. Il y a encore moins à dire. Mais alors que sont tous ces mots que je mets sur le papier. Des riens. D'abord les feuilles poussent dans les arbres. Ensuite elles en tombent. Les mots font avec moi la même chose. Je suis l'arbre, ils sont les feuilles.

XXII

Beauport, jeudi 18 avril 1996. — Tout, maintenant, doit redevenir simple, simple comme la lumière du jour.

Je parle pour moi. Je n'ai aucune illusion sur l'infinie complexité qui envahirait mon esprit si je devais prétendre parler au nom des autres.

Là où je vis en ce moment c'est bien, c'est correct, convenable. Mais ce n'est pas ce qu'il me faut. Mon corps a besoin des odeurs qui viennent de la terre, qui montent du sol. Ici, à l'étage, l'air est sans parfum. Et les bruits qui le traversent jour et nuit ne sont que représentation, construits par le cerveau et reconstitués par la mémoire.

Je suis tranquille. J'ai déjà trouvé dans mon cœur l'endroit où j'habiterai désormais. Quant au chemin qui y mène, il commence très exactement dans les mots que je suis en train de mettre sur le papier.

J'aurai donc ma maison pour y vivre, écrire et aimer. Avec de l'herbe autour. De l'herbe, des arbres, du sable, de l'asphalte et du ciment.

9 h. Le temps est à la pluie. C'est rafraîchissant pour l'âme. J'aime beaucoup la pluie. En elle, dirait-on,

tout s'apaise, les cris, les douleurs, mais aussi les plaisirs et les joies.

Dans les arbres, autour de ma maison, je trouverai peut-être l'audace de disposer quelques niches pour y mettre, là un bouddha doré, ici un Christ de pierre grise souriant, tout à fait ressuscité de la bêtise humaine. Je regarderais pleuvoir dessus en pissant sur une branche morte. Et ma vision des choses se repaîtrait de la verdure somptueuse et luisante du sous-bois.

Le bonheur est en moi, j'écrirais le contraire que je me renierais. Pas envie, pas le goût, pas les guts.

Vendredi 19 avril. — Un peu plus hier, et encore ce matin, j'aménageais non pas des niches mais des grottes dans les parois rocheuses imaginées çà et là sur le terrain qui entoure la maison née elle aussi de mon imagination, c'est-à-dire de mon désir de rendre le monde extérieur conforme à ce que je sens et ressens.

Les grottes sont inutiles, aussi étrangères à mon devoir d'écriture qu'un ordinateur. D'ailleurs je leur préfère déjà un tas de vieilles planches usées par le temps, abandonnées par l'homme et sur lesquelles je vais m'asseoir nu les chauds après-midi ensoleillés de juillet. La paix.

XXIII

Beauport, dimanche 21 avril 1996. — J'ai chaud. J'ai chaud comme je n'ai pas eu chaud depuis des années. Il s'agit d'une chaleur qui vient de l'intérieur de moi, du dedans de mon corps. Elle est la bienvenue. Il va cependant falloir que je réapprenne à vivre avec elle. Avec le temps j'ai oublié. Mais il est une autre chose que je dois réapprendre. Je ne sais plus écrire. J'ai pris la fâcheuse habitude, avant de mettre les mots sur le papier, de me perdre dans mes pensées. D'ailleurs, à l'instant, il est 20 h 40, je ne suis pas sûr de ne pas y être encore une fois perdu. J'aurais des milliers d'excuses à fournir le cas échéant. Je reviens de loin. Mon corps lui-même était en train de me devenir étranger. Je ne sais pas pourquoi et je ne le saurai jamais. Les choses sont ce qu'elles sont. Par exemple j'aime écrire. Je me remets donc à écrire. Et tant pis pour les pensées, dans mon pauvre esprit, qui s'en pourraient offusquer.

Lundi 22 avril. — Ce n'est pas la grande forme. Je viens de relire ce que j'ai écrit hier soir. Qu'est-ce que se perdre dans ses pensées. Pourquoi employer l'euphémisme là où je peux clairement dire les choses. Et puis, que sont elles-mêmes les pensées sinon des chicanes de sensations et de perceptions. Ce n'est pas dans mes pensées que je me suis perdu, c'est dans ma vie. Depuis longtemps je ne savais plus rien faire qu'écrire. Et voilà maintenant que je ne sais même plus faire cela.

Il est 7 h 15, il fait soleil et je voudrais me voir tout nu en train de rouler sur le sol, de m'ensabler. Aussi, si j'étais vraiment un homme, c'est-à-dire si je n'avais pas cessé d'être moi-même, je me donnerais comme objectif de réaliser ce désir aujourd'hui même. Il fait suffisamment chaud, depuis hier midi l'hiver nous a résolument tourné le dos. Mais je niaise, mais je fais des montagnes avec des buttes de rien du tout. Je me complais dans le bizutage de mes pulsions. Écrire, dans ces conditions, est bien commode. La lâcheté n'attend pas le nombre des années, elle le précède.

9 h 30. Je panique. Je n'arrive pas à me faire à l'idée que je vais passer cette journée, comme les milliers qui sont venues avant elle, à quêter ici et là un semblant d'existence. Je ne consens pas, pareillement, à concevoir l'écriture comme un refuge. Je n'ai pas besoin d'un refuge, il n'y a d'ailleurs pas de refuges possibles pour des gens comme moi. La vie est ce qu'elle est, vouloir en changer ne ressortit toujours qu'à une forme d'enfantillage. Mais alors. Alors rien sinon qu'écrire ou nudifier sous le soleil s'équivalent parfaitement.

Mardi 23 avril. — Parcouru vitement ce que j'ai noté hier. Les conneries s'accumulent. Ce n'est pas vrai que je ne sais plus écrire. Le malaise est ailleurs. Je sais même où. Et je sais encore que si j'arrive à l'exprimer correctement, ce malaise, tous les doutes dont je joue à m'emmailloter redeviendront poussière.

XXIV

Beauport, mardi 23 avril 1996. — Il fait dehors un superbe temps gris. Même qu'il pleut légèrement. Et les oiseaux piaillent.

Si on savait. On s'en fout de toute façon. Il reste que je n'ai pas plus besoin d'écrire que de me prendre pour un saumon. Et quant à cet autre aspect de la question, la publication en livres de ce que j'écris, je le laisse aux âmes pauvres d'elles-mêmes.

Je ne suis, au fond, l'homme d'aucune religion. L'écriture peut en être une elle aussi. Et c'est pourquoi, la pratiquant, je vais continuer de m'en moquer.

J'habite à l'étage. Le doux asphalte mouillé des rues me semble bien lointain. Et c'est sans compter toutes les bonnes odeurs du printemps commençant dont je ne jouis que par une vague imagination. Connard. Sors.

Le problème n'est pas quand je sors, il est quand je rentre, quand je vois le téléphone. Le téléphone est l'instrument des lâches et je n'aime pas les lâches. Que suis-je en train de dire. Rien, mais rien du tout. Je voulais noircir un peu de papier, voilà tout.

Et puis, sortir pour aller où, pour jouer avec le quoi de qui. Je ne connais personne. C'est un scandale mais c'est ainsi.

XXV

Beauport, dimanche 28 avril 1996. — Il est plus que tard, 22 h 30. À cette heure-là, le plus souvent, je suis couché. Et je dors. Il s'agit d'une mauvaise habitude prise il y a assez longtemps pour diverses raisons, la moindre d'entre elles n'étant pas que j'aime beaucoup les premières lueurs de l'aube, surtout par temps gris, et davantage encore lorsqu'il pleut. Mais j'aime aussi le soir. Et pareillement la nuit. Au fond j'aime tout, y compris dormir. Aussi qu'est-ce que je fous en train de recommencer à écrire. Rien.

J'ai chaud et je ne sais pas quoi faire pour ne plus avoir aussi chaud. Me calmer peut-être. Faire le sapin au bord d'un chemin de terre la nuit. Un avion passe. Je m'en moque. Un chien vient me pisser dessus. Je résine, je frémis de joie.

J'ai vraiment chaud. D'un autre côté j'ai ouvert la porte et l'air est vraiment trop frais pour que je me déshabille, pour que je laisse le tout nu que j'ai toujours été n'en faire qu'à sa tête. Brave dilemme. On dirait un tigre empêché de feuler.

Au fond je ne sais plus quoi faire de ma peau. Écrire. Et quoi encore. Écrire pour me faire dire encore des bontés. Je déteste les bontés. Les bontés me mettent hors de moi. Or je veux rester dedans. Dedans mon moi. Car là aussi les jours se couchent et se lèvent. Ce qui est en d'autres mots avouer que, lorsque je dors, je dors sur deux plans, l'externe et l'interne. Mais voilà encore une chose que personne n'admettrait. Qu'on puisse dormir dans sa propre psychologie. Et pourtant cela se peut. Pour revenir aux bontés, je tiens surtout à noter que je les trouve déshonorantes. Vous dites à un écrivain qu'il écrit bien. J'en connais plusieurs qui iraient se jeter dans le fleuve. A-t-on idée. Personne n'écrit bien. Bien écrire ce serait en quelque sorte prétendre qu'on a découvert le secret de l'univers.

Bon. Et si j'allais me coucher. Mais je ne dormirai pas, je viens de boire un café. Précisément pour ne pas dormir. Parce que je ne veux pas dormir.

Je n'ai pas perdu la main, je continue d'écrire des imbécillités. Et quarante-cinq minutes plus tard j'ai toujours aussi chaud. Qui sait, je suis peut-être en train de rajeunir. Jeune, on a toujours chaud. Et pourquoi pas. Qui ou quoi pourrait bien m'empêcher de redevenir ce que je désire être, c'est-à-dire un nudifiant. Rien. Personne. Elle est belle, la liberté. Mais je l'aime elle aussi. Triste sort. J'aimerais moins et je dormirais sans en rien écrire.

Peut-être qu'il fera moins froid demain. Ce n'est pas humain comme il a fait froid depuis un mois. Je pense d'ailleurs que c'est la raison pour laquelle j'ai si chaud. Je n'accepte pas qu'il fasse aussi inutilement froid. Et puis non, ces deux choses n'ont entre elles rien à voir. J'ai chaud parce que je n'ai pas arrêté de vouloir me priver d'écrire. Pour changer de genre. Sauf qu'on ne demande pas à un pommier de produire des pêches. Encore une fois elle est belle, la liberté. Tu peux faire ce que tu veux à la condition que.

Allez, je ne dormirai pas mais je vais quand même prendre le chemin de mon lit. Et là, dans la noirceur toute noire, je pourrai continuer de me dire à moi-même que je ne suis rien et qui est, à ma connaissance, le plus beau des mots d'amour. N'être rien.

Lundi 29 avril. — C'est vrai que je ne suis rien. En tout cas j'ose l'espérer : il me faudrait être quelque chose en plus de n'être rien, je manquerais de courage. J'ai tant à ne rien dire, à ne rien être. Les sapins, la pluie, l'herbe, l'asphalte.

J'ai beaucoup tourné dans mon lit. Et j'ai rêvé somptueusement. De vrais rêves avec des couleurs, des histoires, plein de gens et de lieux. Il y a un Dieu pour les moins que rien. D'ailleurs, en me couchant, je lui avais demandé de me parler. Il l'a fait par des voies impénétrables et qui, quant à moi, le resteront. D'abord je manque d'intelligence. Ensuite, on comprendrait tout, on s'ennuierait royalement. On n'aimerait pas, comme je l'aime, écrire.

N'être rien. Exactement comme la soirée d'hier qui a passé et qui n'est plus. Mais n'être rien c'est encore et surtout manquer de tout. Vraiment, je plains les riches. Sans compter qu'ils encombrent. Un avion ne passe pas. De toute façon, la très grande majorité des avions, on ne les entend pas passer.

Voilà, il n'est pas 8 h, il fait un soleil affligeant et j'ai déjà déconné comme pas un. Très petite chose.

Un tout nu dont nul ne se soucie. C'est bien. On n'est pas vraiment un tout nu si on pense que, pour l'être, il faille en plus se le faire dire. À moi mes os. À moi tout seul. Mes os et tous les lieux où ils me portent.

Mardi 30 avril. — Il vente fort, les nuages arrivent, ils viennent de l'ouest, il pleuvait à New York hier soir, il pleuvra bientôt ici aussi, mon corps déjà s'excite cependant que mon esprit depuis dès avant l'aube, il y a quelques heures, s'est mis à hululer avec les fenêtres, bref j'écrirais bien tout ce qu'on voudrait que j'écrive si on savait seulement me le demander, mais on ne sait pas, de toute façon je suis un sauvage de la tendresse et la tendresse comme la sauvagerie n'ont jamais soulevé autour de moi que de l'inexistence. Quand même. Je veux dire que ce n'est après tout pas si mal d'être de ce monde comme n'y ayant jamais été. On peut tout regarder. On peut tout entendre. Et on peut tout être. Un chien. Une touffe d'herbe. Une étoile là-bas. Un peu de sable ici.

Éditions Les Herbes rouges
3575, boulevard Saint-Laurent, bureau 221
Montréal (Québec) H2X 2T7
Téléphone : (514) 845-4039
Télécopieur : (514) 845-3629

Distribution : Diffusion Dimedia inc.
539, boulevard Lebeau
Saint-Laurent (Québec) H4N 1S2
Téléphone : (514) 336-3941

Diffusion en Europe : Librairie du Québec
30, rue Gay-Lussac
75005 Paris (France)
Téléphone : (01) 43-54-49-02
Télécopieur : (01) 43-54-39-15

Cet ouvrage a été achevé d'imprimer
aux ateliers Marc Veilleux imprimeur
à Boucherville en novembre 2003
pour le compte des
Éditions Les Herbes rouges

Imprimé au Québec (Canada)